# PEÇAS FÁCEIS PARA VIOLÃO CLÁSSICO

## Domine 20 Belos Estudos de Violão Clássico

### ROB**THORPE**

FUNDAMENTAL**CHANGES**

# Peças Fáceis para Violão Clássico

## Domine 20 Belos Estudos de Violão Clássico

Publicado por **www.fundamental-changes.com**

ISBN: 978-1-78933-132-5

Tradução: Elton Viana

**www.fundamental-changes.com**

# Sumário

# Prefácio

Este livro foi feito para estudantes que possuem a paixão e a habilidade de aprender violão clássico, mas que tiveram o seu progresso obstruído, seja por terem começado a estudar muito tarde ou por não saberem ler notação musical.

Os violonistas muitas vezes sentem dificuldades com os detalhes da teoria e da técnica musical. Eles aprendem licks ou pequenas partes de canções, enquanto temem secretamente o momento em que alguém diga: "Bem, continue, toque alguma coisa nova!". Desenvolver a mecânica de executar certas técnicas no violão é importante, mas elas devem sempre servir como base para você tocar *músicas*. É aqui que a construção de um repertório começa. Assimilar peças inteiras (até mesmo as curtas), além de ser gratificante, permitirá que você compartilhe a sua música com a sua família e amigos.

Aprender a ler notação musical é uma habilidade que vale a pena você desenvolver, pois permite que você aprenda músicas compostas para outros instrumentos e troque ideias com outros instrumentistas; além disso, ela é essencial na maioria dos trabalhos profissionais na indústria da música. No entanto, sinto fortemente que os alunos, cujo objetivo é o de simplesmente tocar violão por lazer, devem ter acesso à música em geral, sem a necessidade de desenvolver a habilidade de ler notações musicais complexas.

A coleção de peças clássicas deste livro dará um repertório satisfatório ao iniciante, ao mesmo tempo em que irá lhe ajudar a desenvolver a sua técnica, à medida que você for estudando em peças cada vez mais desafiadoras.

As músicas deste livro foram extraídas de composições de alguns dos maiores e mais famosos compositores de violão clássico, incluindo: Ferdinando Carulli, Mauro Giuliani, Matteo Carcassi e Fernando Sor. Além disso, o livro mergulha no violão clássico com arranjos populares tradicionais.

Os comentários sobre cada peça discutem alguns dos desafios técnicos de cada parte, porém este livro pretende ser principalmente uma coleção de músicas para violão. Eu sugiro que você o utilize em conjunto com um livro dedicado à técnica de violão clássico ou com um professor.

Espero que estas peças lhe sejam úteis e lhe inspirem a explorar as músicas compostas para violão, nos últimos quatro séculos, assim como lhe encorajem a escrever alguns arranjos próprios.

Boa sorte!

Rob

# Dicas sobre prática e desempenho

Antes de começar, aqui estão algumas dicas de prática, feitas para ajudar-lhe a otimizar o seu tempo de estudo e, consequentemente, o seu progresso. Elas descrevem uma forma de organizar o seu tempo, a qual considero eficaz para violonistas de qualquer nível.

Para progredir rapidamente, é essencial ser o mais regular e produtivo possível com o seu tempo de estudo. Para fazer isso, você deve identificar as seções mais difíceis da peça de estudo que você estiver estudando. Elas podem ser um desenho de acorde, uma sequência de *hammer-ons* e *pull-offs*, ou um padrão de dedilhado.

Selecione essas passagens desafiadoras e pratique cada uma delas isoladamente por um curto período de tempo. Concentre-se em tocar de forma lenta, precisa e relaxada. Você pode cair na tentação de ignorar os seus próprios pontos fracos, com relação à técnica, e ir para as próximas páginas, portanto pode ser interessante anotar em um papel os pontos a serem melhorados.

Se você tiver apenas 20 minutos para praticar uma peça, sugiro que dedique cerca de 15 minutos a cinco seções complicadas. Toque cada uma delas por um minuto (utilize um *timer*) e repita cada uma delas três vezes. Esta abordagem lhe manterá focado e irá lhe ajudar a reter a informação de forma mais clara.

Os 5 minutos restantes devem ser dedicados a tocar a peça em questão na íntegra, ou a uma seção tão grande quanto possível. Toque em uma velocidade na qual você se sinta confortável. Nesse momento, não se preocupe muito com os pontos a serem melhorados, concentre-se apenas em sentir o fluxo da peça como um todo e considere uma recompensa ter o privilégio de poder tocá-la inteiramente.

Pratique diariamente com esse método, composto de duas partes, por algumas semanas e você terá resultados muito melhores do que se você simplesmente tocasse certas peças repetidamente.

Ao longo do livro, são sugeridos padrões de dedilhado e digitação. A convenção para se referir aos dedos da mão direita é: **P** (polegar), **I** (indicador), **M** (médio), **A** (anelar). Na notação, a mão esquerda será notada com os números de 1 a 4, que correspondem respectivamente ao intervalo entre o dedo indicador e o mínimo.

Irei ocasionalmente me referir às posições da mão esquerda através de números. Tais números representam o local onde o dedo indicador fica, mesmo que o foco esteja em outro dedo. Por exemplo, *tocar na posição quatro* significa que o dedo 1 (indicador) está pressionando uma corda na 4ª casa.

As peças a seguir muitas vezes soam bem em vários tempos diferentes, então não tenha pressa de aumentar a velocidade. Depois de se sentir confiante com uma melodia, faça experimentações com o ritmo, para que você possa descobrir uma variedade de emoções e nuances.

A maioria das faixas de áudio foi gravada com um violão clássico de cordas de nylon, mas algumas foram gravadas com um violão de cordas de aço, para criar variação tonal.

# Acesse os áudios

Os arquivos de áudio para este livro estão disponíveis para download gratuitamente em: **www.fundamental-changes.com** e o link está no canto superior direito. Simplesmente selecione este título de livro no menu e siga as instruções para obter o áudio.

Recomendamos que você transfira os arquivos diretamente para o seu computador, não para o seu tablet, e que os extraia lá, antes de adicioná-los à sua biblioteca multimídia. Em seguida, você pode colocá-los no seu tablet, iPod ou gravá-los em CD. Na página de download há um PDF de ajuda, e também fornecemos suporte técnico através do formulário de contato.

Para mais de 250 aulas gratuitas de guitarra com vídeos, acesse:

**www.fundamental-changes.com**

Twitter: **@guitar_joseph**

Facebook: **FundamentalChangesInGuitar**

Instagram: **FundamentalChanges**

# 1. Estudo Nº 1 – Fernando Sor

Este estudo é baseado no Opus 35 de Sor, intitulado *Vingt Quatre Exercices très Faciles (Vinte e Quatro Exercícios Fáceis)*, e é uma ótima peça para você adicionar ao seu repertório. Sor publicou por conta própria a sua obra, no final de sua carreira, e toda ela oferece um conjunto de peças bem balanceadas com muito contraste.

O primeiro estudo adere a um ritmo de semínimas e mínimas, e as tonalidades se encaixam principalmente em desenhos de acordes de posição aberta. Observar as semelhanças entre os desenhos de acordes que você já conhece irá lhe dar uma maior consciência sobre composição harmônica e tornará a peça mais fácil de memorizar. Por exemplo, os dois primeiros compassos baseiam-se no acorde de C maior, e o terceiro compasso baseia-se no acorde de F maior.

As notas devem ser mantidas pressionadas onde for possível, apesar de os desenhos de acordes não serem óbvios às vezes.

Se a técnica de *fingerstyle* for algo novo para você, um dos maiores desafios será desenvolver destreza suficiente na mão direita para manter a independência entre o polegar e os outros dedos. Isole quaisquer pontos onde o polegar e um dedo qualquer possam ser usados simultaneamente e pratique o movimento de "pinça" para que os dedos toquem com precisão com as cordas. A sua mão não deve se distanciar muito da posição de onde ela normalmente repousa nas cordas.

Há duas melodias independentes nesta peça. A sequência aguda baseia-se em semínimas na maior parte da peça, enquanto a grave se move mais lentamente. As sequências são trocadas próximo ao final da peça, quando a sequência da linha de baixo se torna a parte mais rápida. A direção das hastes nas notas da notação mostra a que sequência pertence cada nota.

## Estudo Nº 1 – Fernando Sor

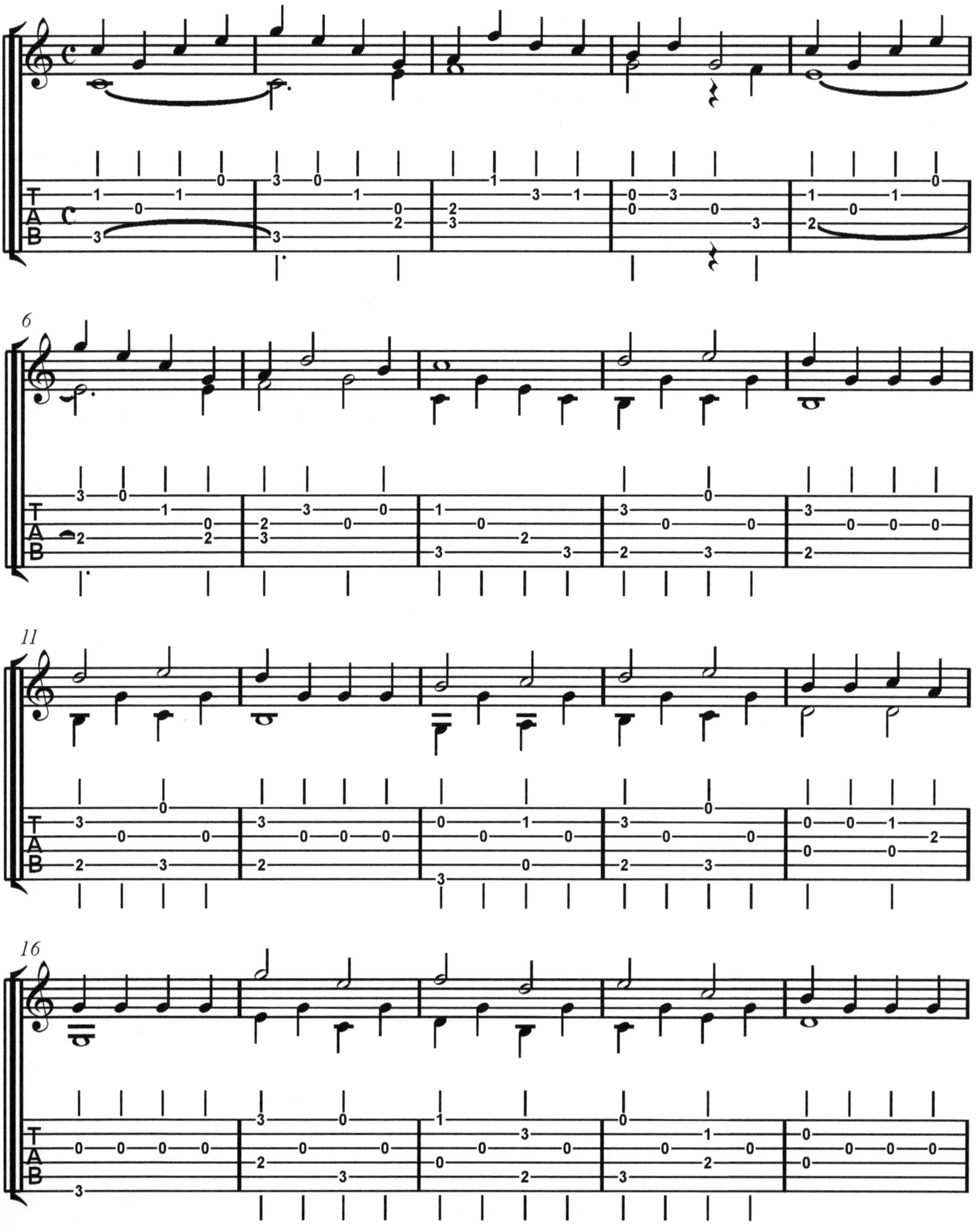

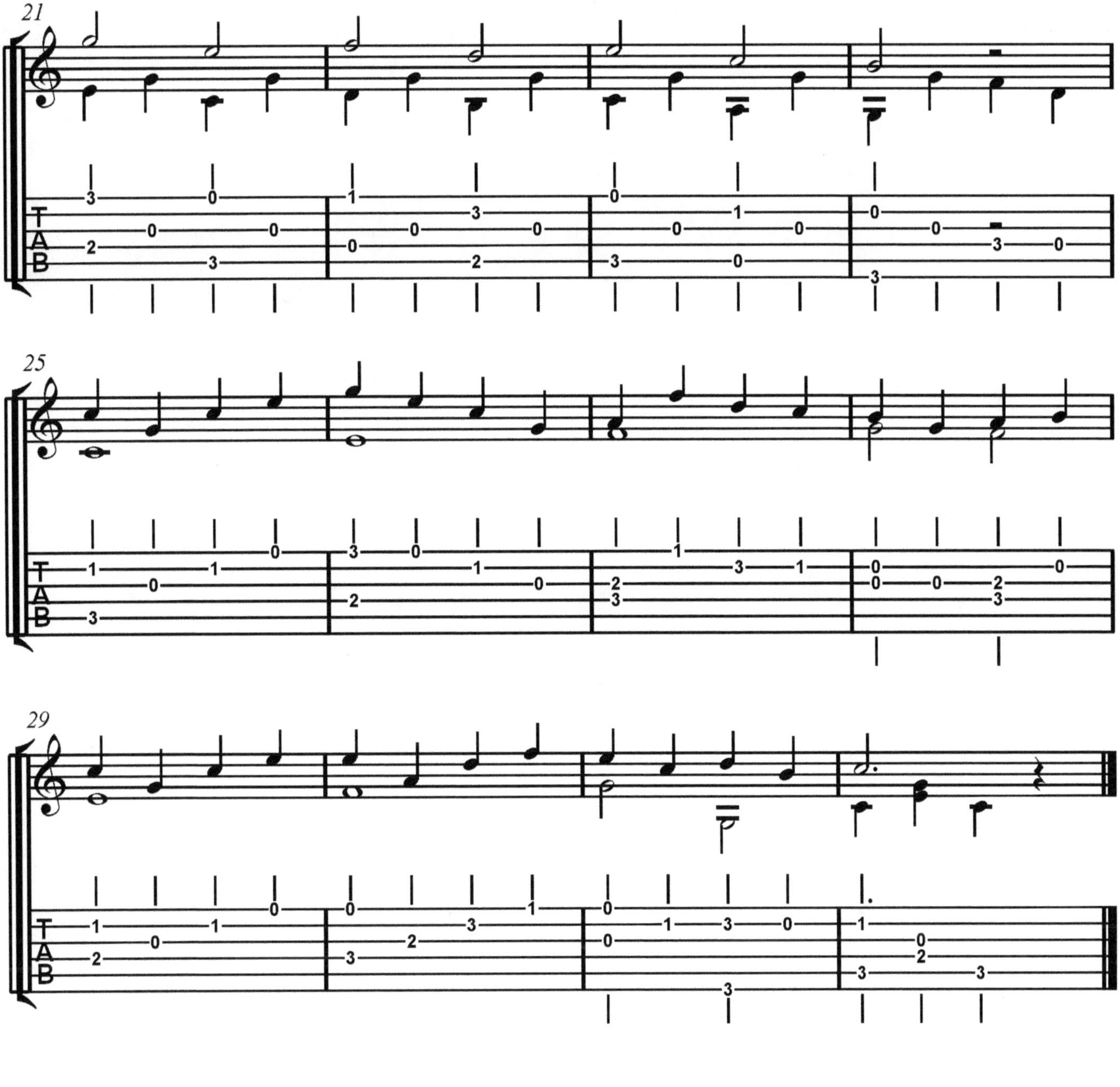
21
T
A
B
25
29

# 2. Country Dance – Ferdinando Carulli

A música clássica ocidental tem as suas raízes nas danças tradicionais e na música militar. No repertório clássico há muitas gigas, mazurcas, minuetos, polcas, valsas e marchas da época conhecida como o *período da prática comum* (aproximadamente 1650–1900).

Os músicos, no entanto, têm a sua maneira de subverter formas musicais. Duvido que você possa dançar qualquer uma das valsas de Chopin! Embora a inspiração para esta peça seja a música de dança, e o melhor ponto de partida seja manter um ritmo uniforme, não há problema algum em ser expressivo e fluido com o ritmo.

Em *Country Dance*, o uso de *double-stops* (duas notas tocadas simultaneamente) permite-nos facilmente alternar entre acordes e notas graves. Os dedos da mão direita devem trabalhar conjuntamente, com dois dedos juntos. Fazer um exercício com os primeiros dois compassos permite que você assimile o padrão de dedilhado, antes de precisar se preocupar com as mudanças de acordes.

A terceira seção requer um padrão de dedilhado diferente para o acorde de E menor, nos dois primeiros compassos. Repouse os dedos da mão direita (**P**, **I**, **M** e **A**) sobre as quatro cordas superiores, em seguida, toque cada uma dessas cordas com um movimento suave.

Essa estrutura musical requer concentração para que possa ser tocada. Há três seções, e cada uma delas é tocada duas vezes. No final de cada peça, você verá a notação "*D.C. Al Fine*", que o direciona de volta ao início da peça. Continue até a notação "*Fine*", localizada no final da segunda seção. Esse padrão é descrito como: A B C A B.

Novamente, preste atenção aos desenhos de acordes mais conhecidos — G, D7 e Em — que são encontrados por toda a peça.

Carulli começou a tocar violão relativamente tarde, aos 20 anos, mas compôs muitas músicas, incluindo muitas peças instrutivas que permaneceram populares, pois combinam elementos úteis para o aprendizado musical com uma música que é agradável de tocar. Há diversas peças de Ferdinando Carulli neste livro.

## Dança Country – Ferdinando Carulli

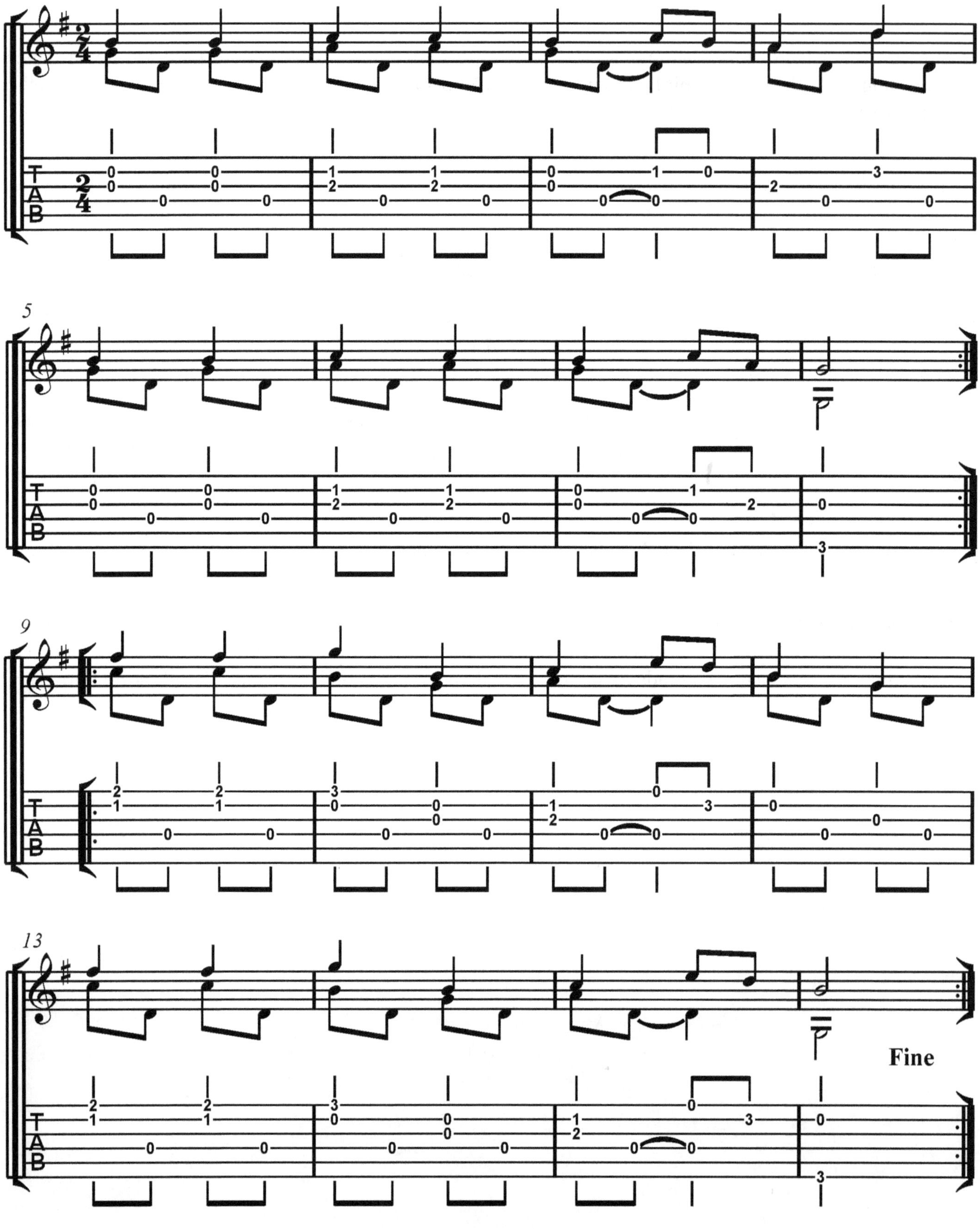

D.C. al fine

14

# 3. Orlando Sleepeth – John Dowland

John Dowland (1563–1626) foi um compositor e alaudista inglês do período elisabetano. Ele é mais conhecido por suas canções sentimentais e suas composições instrumentais. Esta curta peça tem uma melodia repetitiva de música popular que poderia facilmente conter uma letra, mas que funciona bem como um estudo instrumental.

John Dowland compôs *Orlando Sleepeth* ou arranjou uma música já existente. Também já foi especulado que esta peça tinha a intenção de ser uma música incidental, feita para uma cena de uma peça de teatro.

Se você se sentir confortável com os desenhos comuns de acordes abertos, esta peça não deve lhe dar muito trabalho. Para que você entenda melhor a estrutura da peça, identifique os seus desenhos de acordes e escreva-os em forma de notação musical.

No compasso dois, em vez de montar o acorde de D maior da maneira habitual, faça uma pestana na 2ª casa com o dedo 1. Isso permitirá que dedo 3 chegue até a 5ª casa.

Similarmente, o acorde de G maior no final do compasso nove deve ser montado com os dedos 3 e 4, o que pode ser visto como uma nova abordagem. Utilizar o dedo 3 para tocar a nota do baixo permite uma transição muito mais suave para o acorde de C maior, do que a digitação tradicional de G maior permitiria.

Com todas as cordas soltas é fácil deixar cada nota soar livremente, mas, para apresentar a melodia com clareza, abafe as cordas soltas nos momentos apropriados. Por exemplo, no compasso onze, a sua mão direita deve abafar a corda Si solta, após a nota G# ser tocada, na batida 4.

A parte mais difícil da peça surge quando o tempo da peça muda de 4/4 para 6/4 no compasso dezessete. O tempo 6/4 é uma *métrica composta*, o que significa que as notas estão agrupadas em grupos de três em vez de habituais grupos de duas notas. Você já deve ter escutado músicas de tempo 6/8; as músicas em 6/4 podem ser tratadas da mesma forma. As batidas 1 e 4 são acentuadas.

Uma característica comum da música deste período é que a seção composta tem a sua velocidade aumentada. Um símbolo acima da notação indica quando uma mínima é igual a uma mínima pontuada. Isto significa que três batidas no novo tempo requerem o mesmo tempo de duas batidas do tempo original para serem tocadas.

Isto pode ser complicado de contar mentalmente. Assim, antes de começar, bata palmas, com a faixa de áudio inclusa neste livro, nas batidas 1 e 3. Mantenha esse ritmo à medida que a peça for se movendo para o tempo 6/4. Nesse momento, será possível encaixar três batidas em cada uma das suas palmas.

Conforme você for se acostumando a ouvir a transição, você será capaz de aumentar a velocidade com precisão, de forma apropriada.

## Orlando Sleepeth – John Dowland

D.C. al Fine

# 4. Dança Nº 2 de 12 Ländlers, Op. 44 – Mauro Giuliani

O *ländler* foi uma famosa dança popular germânica. É provável que ela tenha surgido a partir de danças animadas de casais, cheias de passos e saltos, antes de se tornar popularizada nas salas de dança austríacas durante o século XIX. A primeira batida dominante de cada compasso sugere que ela foi uma precursora da valsa.

Esta peça curta de Mauro Giuliani é uma ótima introdução às grandes *mudanças de posição*. No violão, o termo *posições* se refere à localização do dedo 1 da mão esquerda, mesmo que ele não esteja sendo utilizado. Por exemplo, no compasso anacruse você estará na primeira posição até a metade do compasso três. Utilize os dedos 2 e 3 para pressionar as notas na 2ª casa, antes de trazer o dedo 1 para o início do primeiro compasso.

Há mudanças de posição mais dramáticas que levam ao compasso quatro. A tentação pode ser a de mover-se para cima e para baixo no braço do violão com apenas um dedo, no entanto o uso de vários dedos minimizará a quantidade de movimentos e dar-lhe-á mais controle. As notas da corda Mi (1ª corda) devem ser divididas em três posições. Adicionei dedilhados acima da notação, para mostrar-lhe quais notas devem ser tocadas com o dedo 1.

Memorize cuidadosamente a passagem e preste atenção especial às casas para as quais o dedo 1 se move. Outros métodos de prática, tais como cantar a música ou se imaginar tocando as notas em sequência são formas eficazes de assimilar a sequência de notas. As mudanças de posição tornar-se-ão muito mais fáceis, conforme você for conseguindo pensar adiante com confiança.

A segunda metade da peça se sobrepõe à primeira, com novas notas graves. Um dos pontos fortes da notação tradicional é que uma forma melódica é fácil de ser vista, quando se olha para o desenho da linha na partitura. Compare você mesmo as duas seções para ver a semelhança entre elas.

Entre os compassos dez e treze há mais mudanças de posição, mas nesse caso a melodia não se divide tão facilmente em grupos de três notas. Ela começa da mesma forma que na primeira seção, mas depois de você ter tocado a nota da 10ª casa com o dedo 4, no compasso onze, deslize o dedo 4 até a 12ª casa, onde ele ficará pelo resto do compasso. Mudanças de posição com outros dedos, que não o primeiro, podem parecer estranhas, no entanto é importante utilizá-las, visto que você continuará a desenvolver essa habilidade, mais adiante.

No compasso doze, mova-se da 9ª à 10ª casa, com o dedo 1. A mudança de posição mais longa ocorre entre os compassos treze e catorze. Felizmente, a corda Mi (6ª corda) solta lhe dá um tempo extra, mas o seu dedo 3 vai precisar de muita prática para executar o movimento da 9ª para a 4ª casa.

Assim que a sua mão esquerda estiver confortável com as mudanças de posição, volte a sua atenção para a mão direita. Na notação, a nota grave de cada compasso é seguida por duas pausas. Para tocar a peça com precisão, você deve posicionar o seu polegar sobre a corda para abafar cada nota grave na batida 2.

# Dança Nº 2 de 12 Ländlers, Op. 44 – Mauro Giuliani

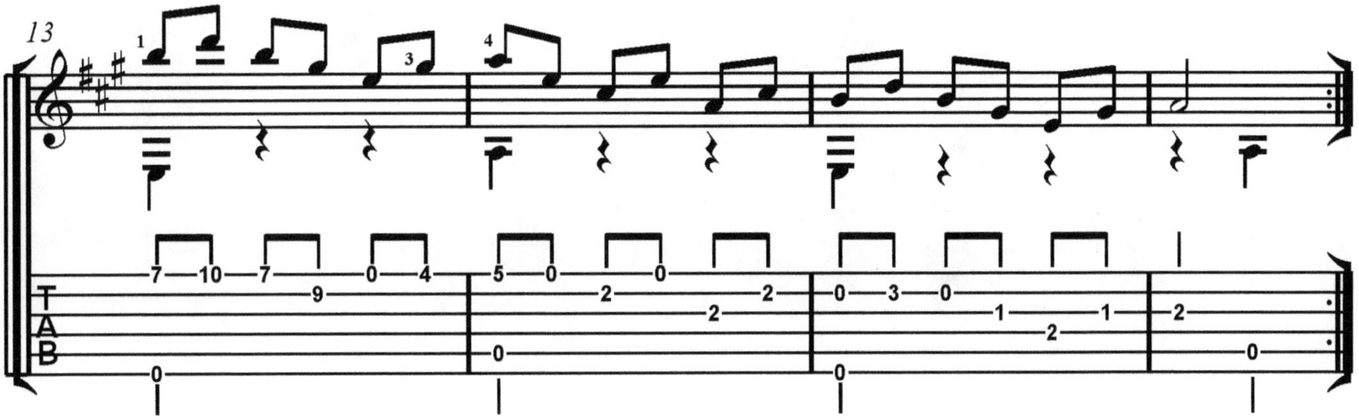
13
1
3
4
T
A
B
7 10 7 9 0 4
5 0 2 0 2 2
0 3 0 1 2 1
2 0
0 0 0

# 5. Estudo Nº 2 – Fernando Sor

O compositor espanhol Fernando Sor foi contemporâneo de Ferdinando Carulli e esteve em atividade no período clássico tardio (final do século XVIII ao início do século XIX).

A peça começa antes do primeiro compasso. Isso é o que chamamos de compasso *anacruse*, que nesse caso antecipa o tempo forte tocado na corda Lá solta na batida 1. A convenção, quando se numeram compassos, é a de sempre ignorar o compasso anacruse, portanto o compasso 1 é sempre o primeiro compasso *completo*.

Contar "1, 2, 3... 1" na peça deve ajudá-lo a obter o tempo correto. Ouça o áudio de exemplo para obter uma compreensão mais clara. Esse motivo ocorre muitas vezes em toda a composição, como se fosse um compasso anacruse.

Nesta peça, os *double-stops* ocorrem em várias posições e articulam a melodia. Você pode dedilhá-los de duas formas. A primeira opção é utilizar os dedos **I**, **M** e **A** nas cordas Sol, Si e Mi (1ª corda) respectivamente e utilizar os dedos apropriados para tocar cada par de notas. A alternativa é mover-se através das cordas com os dedos **I** e **M**. O dedo **P** (polegar) deve sempre dedilhar as notas graves.

A passagem que primeiro ocorre nos compassos de cinco a seis é melhor dedilhada com os dedos **P**, **I** e **M**. O polegar dá uma tonalidade diferente à peça, portanto tocar as notas graves com o polegar, do começo ao fim, fará com que a peça soe mais consistente.

Finalmente, há alguns ornamentos complicados no final da peça. Os compassos 23 e 27 possuem notas ornamentais (*acciaccaturas*). Elas devem ser tocadas seguidamente, antes da batida principal. No compasso 23, as três cordas devem ser dedilhadas juntas, em seguida um *pull-off* é utilizado para tocar a nota C na corda Si, o mais rápido possível. A acciaccatura não deve ter um valor rítmico próprio.

O compasso 27 deve ser tratado da mesma forma, embora aqui haja uma virada mais efusiva de três notas para a nota-alvo F. Utilize os dedos 1 e 4 para executar o *hammer-on* e o *pull-off*. Você pode achar útil praticar tocar as notas das cordas mais agudas, sem tocar o restante do acorde.

Se as acciaccaturas se revelarem demasiado complicadas no início, basta omiti-las. Isso não vai diminuir muito o efeito geral, e você pode adicioná-las tão logo você esteja confortável com a parte técnica.

Como sempre, escute o áudio de exemplo para ouvir como essas técnicas devem soar.

# Estudo Nº 2 - Fernando Sor

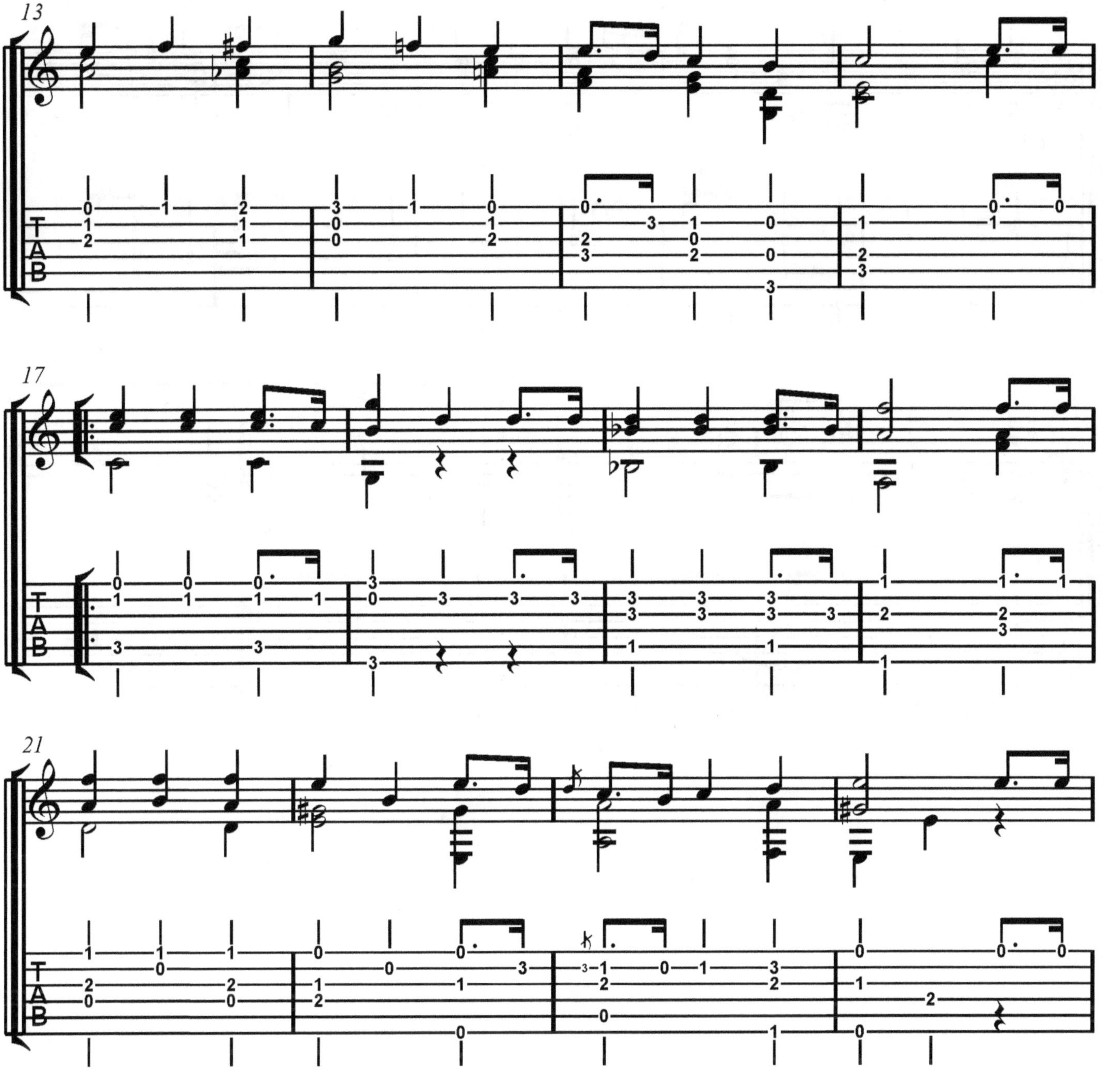
13
17
21

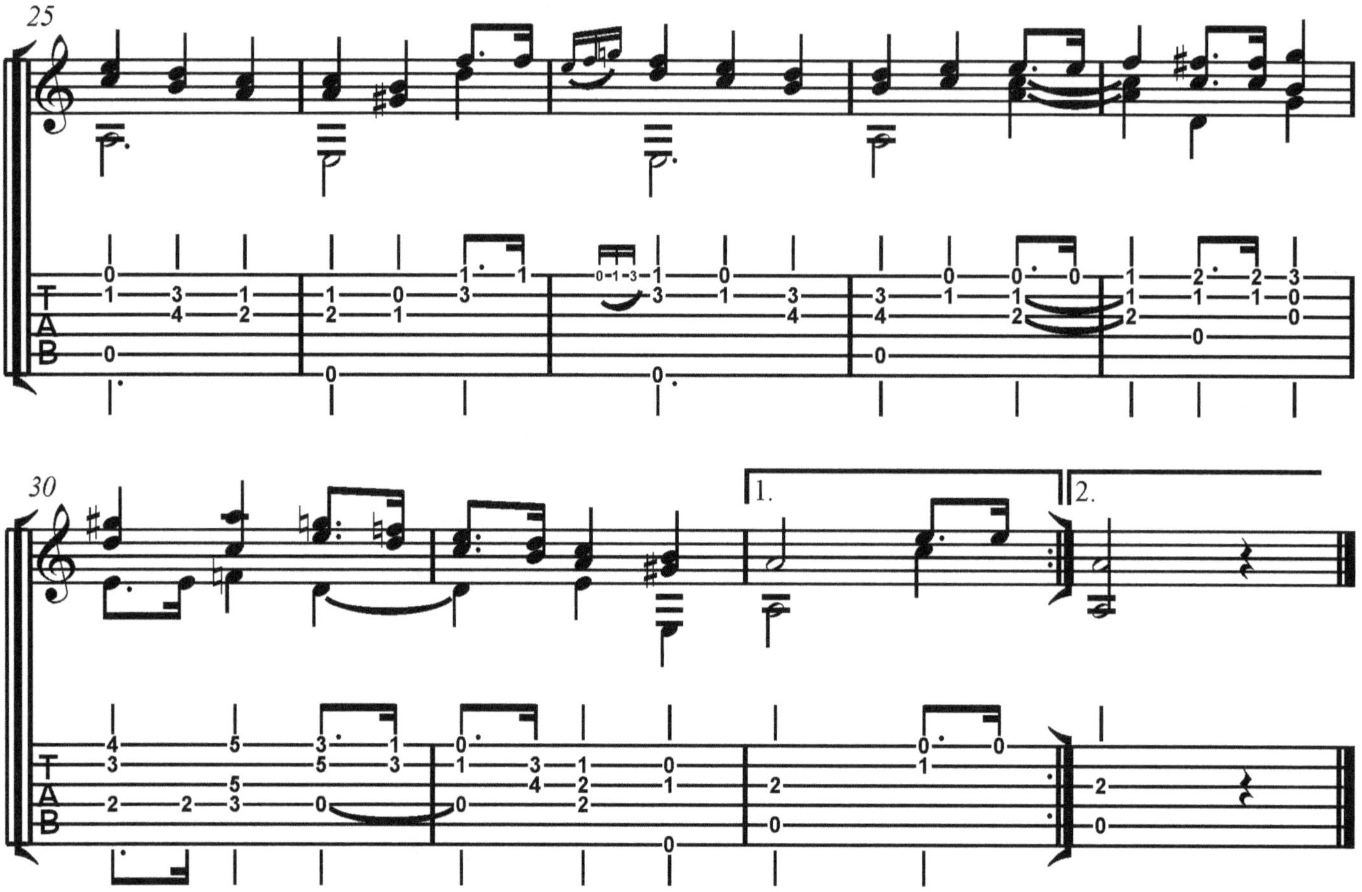
25
30
1.
2.

# 6. Andantino – Ferdinando Carulli

Esta peça desenvolverá a sua mão direita, bem como irá lhe ensinar uma sequência comum de intervalos de *décima* (intervalo de dez notas dentro da escala maior), que frequentemente ocorrem nas músicas de violão clássico. Você foi introduzido à utilização de vários dedos de mão direita em acordes alternados nas peças anteriores, e esta peça, *Andantino*, fará com que você desenvolva ainda mais a independência dos seus dedos, ao alterná-los, enquanto se mantém tocando uma nota pedal.

O primeiro compasso contém notas graves e notas agudas, alternadas. Na primeira batida, o acorde de G maior é arpejado. Os dedos **M** e **P** devem dedilhar as cordas juntos, com um movimento de pinça, seguido pelo dedo **I**.

As frases melódicas, no estilo anacruse, como a presente no final do compasso dois, devem ser tocadas alternando-se dois dedos em uma corda. Talvez seja preciso mudar ligeiramente a posição da mão direita para permitir que ambos os dedos se alinhem ao longo da corda.

A abertura da peça se move através de uma série de intervalos de décima, enquanto mantém uma nota pedal G.

Nos compassos treze e catorze, algumas notas graves compartilham hastes com uma nota da melodia. Essas notas fazem parte da melodia, assim as realce com um dedilhado mais forte com o polegar, para tornar a primeira e a quarta semicolcheias mais pronunciadas.

## Andantino – Ferdinando Carulli

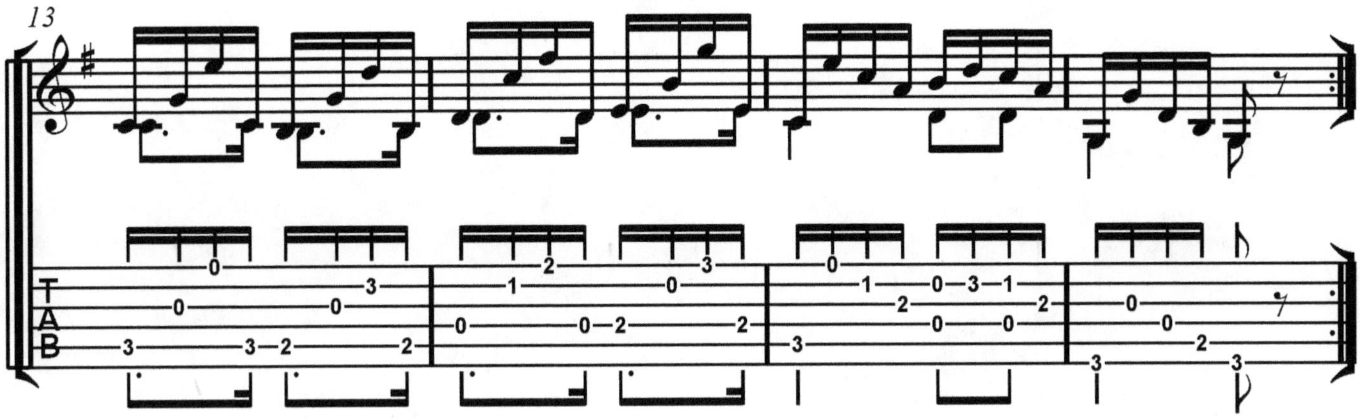
13
T
A
B

# 7. Dança Nº 6 de 12 Ländlers, Op. 44 – Mauro Giuliani

A sexta dança da coleção de 12 *ländlers* de Giuliani partilha muitas características com a Dança Nº 6, já abordada. Entretanto, a ênfase aqui está no registro grave do violão.

A primeira seção da melodia desta peça deve ser tocada com o polegar, até que ela se mova para as cordas mais agudas no compasso quatro.

Depois, algumas ideias com acordes interrompem o fluxo de notas isoladas. No compasso cinco, as notas não precisam se sobrepor, mas a transição deve ser a mais suave possível. Manter o polegar baixo, na parte de trás do braço do violão, e angular o braço do violão verticalmente, ajudará a tornar o alongamento dos dedos mais controlável. Faça uma pestana na 2ª casa, com o dedo 1, no compasso seis.

O compasso sete contém uma mudança de posição semelhante àquela do *ländler* de Giuliani, vista no capítulo 4. Pratique o compasso lentamente para que a junção entre as notas digitadas e as notas com cordas soltas sejam suaves, mas sem demasiada sobreposição.

Na segunda seção, a melodia retorna ao registo grave. Combinar a melodia com os fragmentos de acordes nas posições mais altas pode parecer difícil no início, mas, ao utilizar o dedo 2 nas notas graves, os acordes ajustar-se-ão aos dedos 1 e 4. Deslize o dedo 4 para cima, na corda Si, para iniciar o compasso dez.

No compasso dez as notas agudas devem ser tocadas como uma melodia, em vez de soarem juntas como um acorde. Para conseguir isso, alterne entre os dedos 4 e 3, em vez de fazer uma pestana em todas as notas na 7ª casa.

Para retornar à sequência de acordes, utilize o dedo 2 para digitar a nota D#, no compasso onze. Fixe a mão esquerda sobre esta nota para se preparar para a execução do próximo acorde.

Nos compassos finais, a melodia retorna ao registro agudo com algumas mudanças de posição. A essa altura, a digitação já deve lhe parecer óbvia.

Essas duas peças mostram como Giuliani desenvolveu duas composições diferentes, a partir de um ponto de partida muito semelhante, colocando a melodia em diferentes registros e fazendo uso da harmonia, ou mantendo a esparsa textura de uma melodia e de uma linha de baixo. Uma vez que você tenha aprendido ambas as peças, elas combinar-se-ão bem em uma apresentação mais longa. Talvez seja interessante começar com a Dança Nº 2, seguida pela Dança Nº 6, antes de retornar à Dança Nº 2 no final de uma apresentação.

# Dança Nº 6 de 12 Ländlers, Op. 44 – Mauro Giuliani

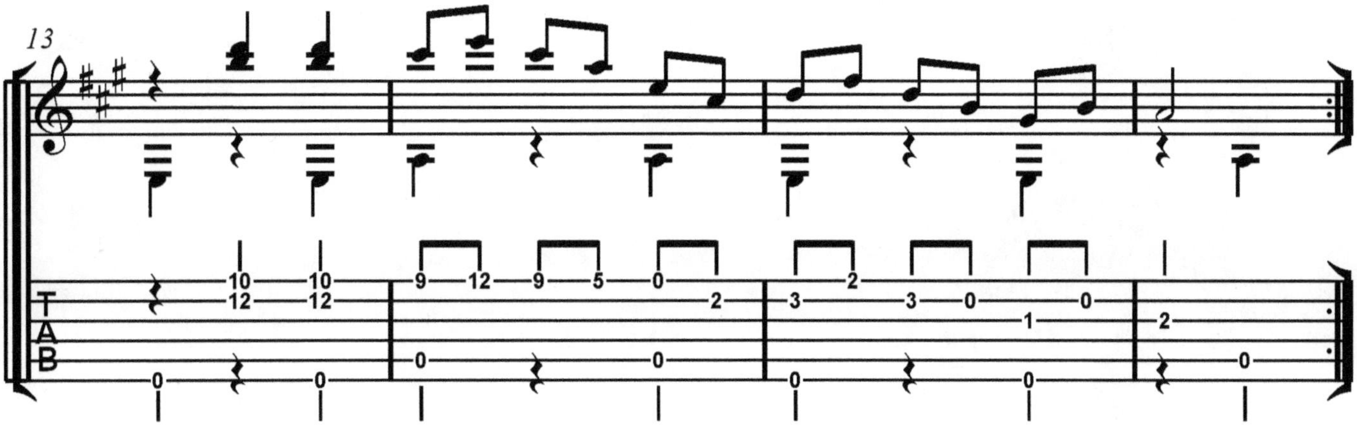
13
T
A
B

# 8. Valsa em E Menor – Ferdinando Carulli

Uma última peça de Carulli é uma boa pedida! A *Valsa em E Menor* utiliza as abordagens discutidas até agora em uma composição um pouco mais longa.

A suavidade é a qualidade mais importante, quando se executa esta peça, por isso toque a uma velocidade relaxada e permita que cada nota soe pela sua duração total.

Por exemplo, a nota E grave, nos dois primeiros compassos, deve soar por todo o compasso. Mantenha-a pressionada com o dedo 1, antes de deslizar esse dedo para baixo até a 1ª casa, no compasso três. Para permitir que as notas soem livremente, o movimento dos dedos deve ser de cima para baixo, e as cordas devem ser tocadas com as pontas dos dedos, para evitar que as cordas adjacentes sejam abafadas.

Da mesma forma, as três notas digitadas no compasso nove devem suavemente se unir, em vez de se alternarem com a corda Si solta. Primeiro toque essas notas sem a parte com a corda Si solta, para ver o quão suavemente você pode fazer essa união.

A segunda metade da peça alterna entre *double-stops* e uma parte com arpejo. Pode ser difícil passar de uma abordagem para outra sem hesitação, por isso, não se esqueça de praticar a transição em uma velocidade lenta.

Sempre advogo em favor da prática de separar pequenas partes de uma peça, para que elas sejam praticadas separadamente. Isto funciona bem nos compassos dezessete e dezoito. Observe como o desenho do acorde, na batida 3, do compasso dezessete, é simplesmente movido duas casas acima no próximo compasso. Essa mudança de posição com a mão esquerda deve ser realizada no tempo correto, tão logo você toque a nota D, na 3ª casa. O desenho do acorde desce novamente, da mesma forma, no compasso dezenove. Os dedos 1 e 2 da mão esquerda são utilizados durante todos esses movimentos.

## Valsa em E Menor – Ferdinando Carulli

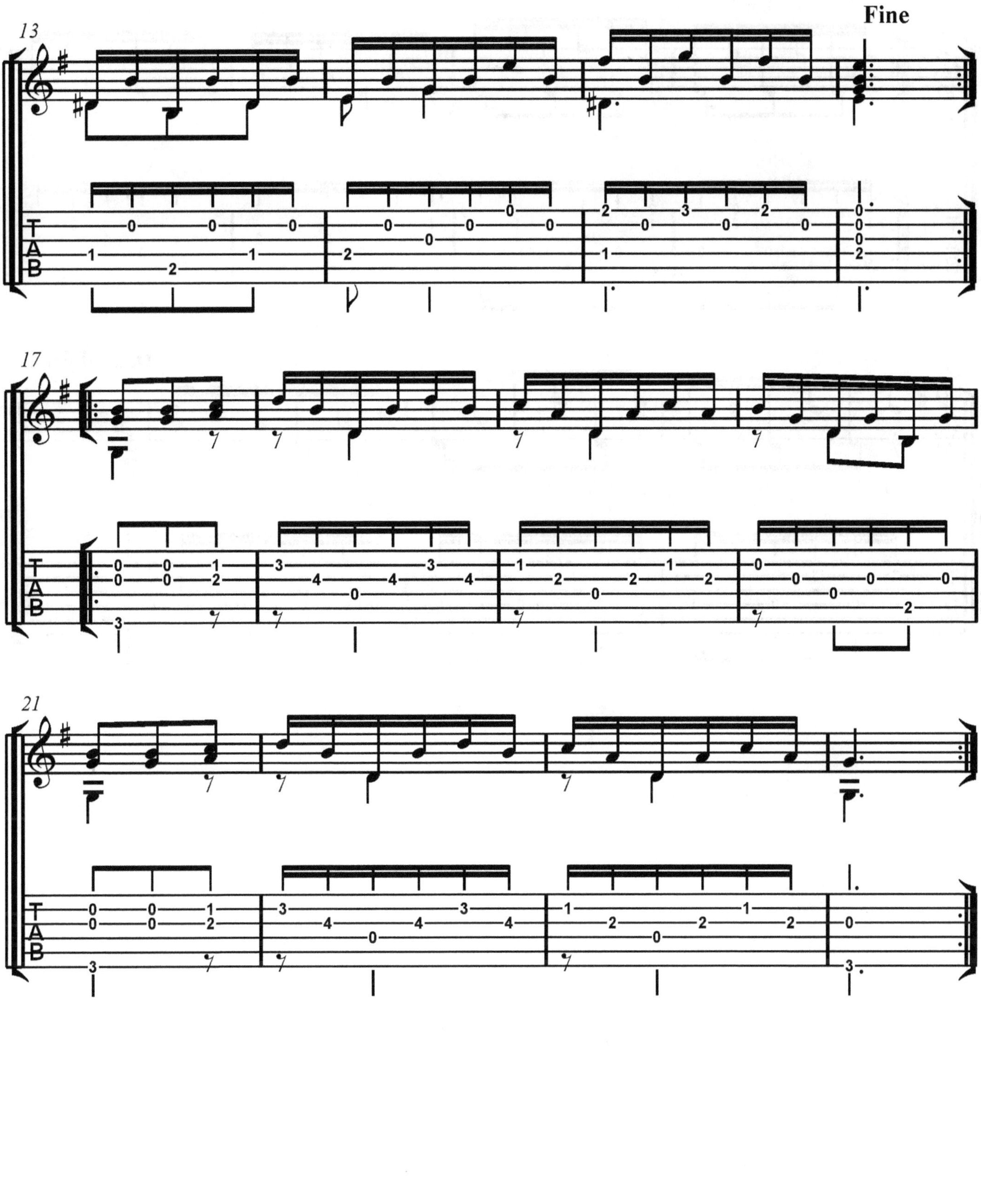
Fine

D.C. al Fine

# 9. Sweet William (Tradicional)

Essa peça faz parte da música estritamente "clássica" e baseia-se na música popular irlandesa. Escrevi o arranjo desta peça especialmente para este livro. Ele é bastante simples, visto que o objetivo é salientar a melodia. A maior parte do acompanhamento é feito com base em notas graves de duração longa.

Toque cada seção desta peça de forma confiante e em um tempo consistente, porém também adicione alguma interpretação criativa, com o uso de pausas entre as frases.

A maior parte do dedilhado deve ser bastante óbvia, no entanto preste atenção à primeira batida do compasso dez. O fragmento do acorde de G menor deve ser digitado com os dedos 3 e 4, para garantir uma transição suave de notas a partir do compasso nove. Dessa forma, as notas seguintes podem ser digitadas confortavelmente com o dedo 1.

No compasso dezesseis, as notas graves devem tocar sobre as notas intermediárias. Reproduza o fragmento inicial do acorde de C maior, com os dedos 1 e 2. Em seguida, mantenha o dedo 2 pressionado, enquanto o dedo 1 é substituído pelo dedo 3, que fica embaixo do dedo 2.

No compasso 21, você pode utilizar dedo 1 para fazer uma pestana nas cordas Mi (1ª corda) e Si, por todo o compasso. O dedo 3 pode mudar de corda na 3ª casa, conforme necessário. Isto evitará que surjam espaços vazios entre as mudanças de cordas e dará à melodia uma textura mais fluida e lírica.

A harmonia se baseia principalmente nos acordes de C maior, G menor e A menor. Muitas vezes o acorde completo não será utilizado, mas fragmentos de *desenhos de acordes* familiares aparecem muitas vezes. Se você conseguir perceber qual acorde está sendo utilizado, você poderá expandir este arranjo, dedilhando mais notas dos acordes, para criar um som mais completo.

# Sweet William (Tradicional)

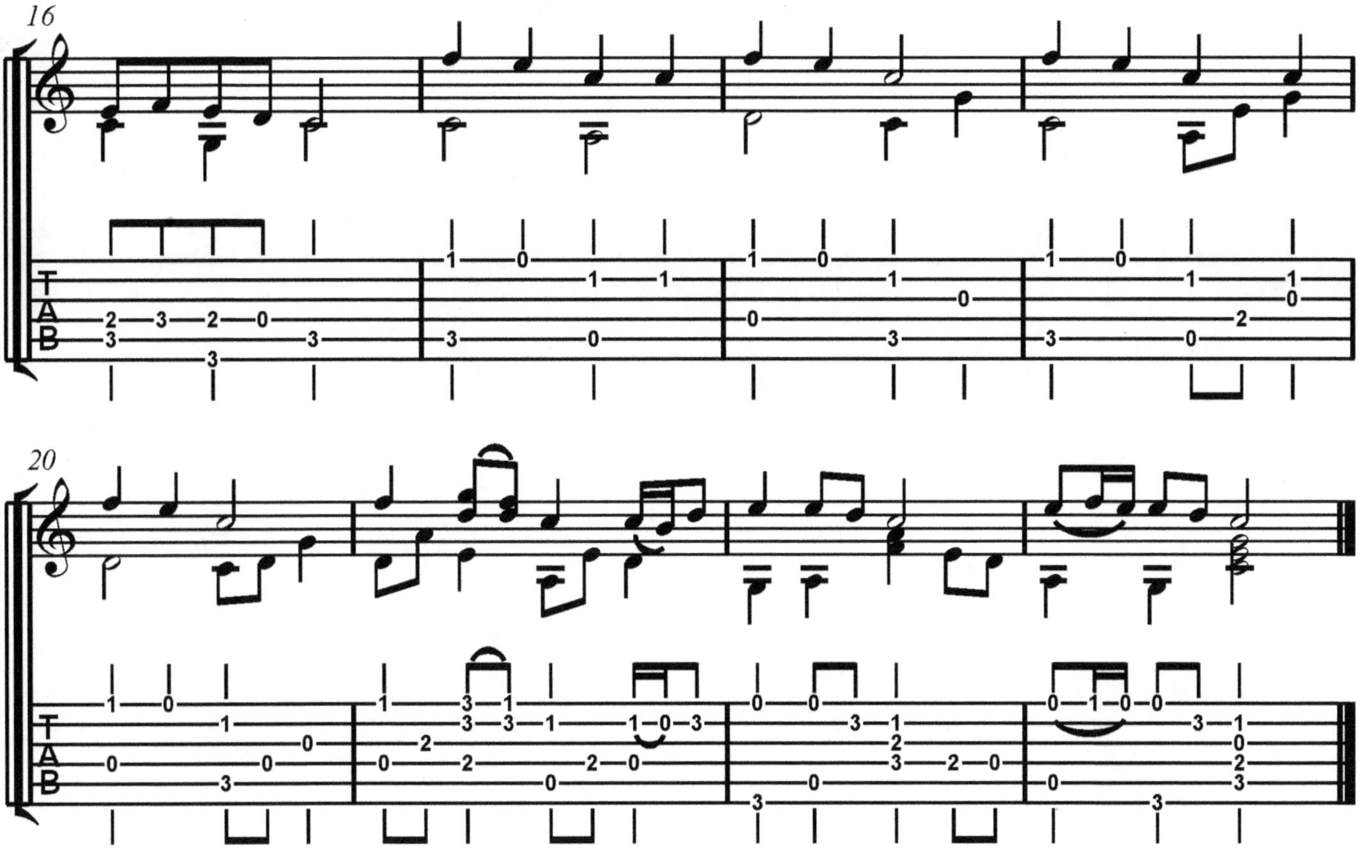

# 10. Op. 1, Parte 3, Nº 1 – Mauro Giuliani

Mauro Giuliani (1781–1829) foi um multi-instrumentista e compositor, conhecido em vida por ser um intérprete virtuoso. Este livro já lhe apresentou duas peças do seu conjunto de 12 *ländlers* (capítulos 4 e 7).

Além de ter realizado turnês de concertos e feito composições, Giuliani, quando morava em Viena, era um professor notável. Assim, é compreensível que a sua primeira obra publicada, *Opus 1*, seja um conjunto abrangente de exercícios divididos em capítulos, que abordam elementos específicos de técnica musical. Essa obra ainda é muito popular e vale a pena estudá-la pela sua riqueza de exercícios de aquecimento e de exercícios técnicos. Ela também contém vários outros estudos, que são muito agradáveis musicalmente.

A parte 3 do seu trabalho foca no tom e na articulação — a peça do próximo capítulo também foi extraída dessa parte de sua obra.

Além da ocasional pausa no tempo forte, a peça contém uma linha melódica contínua, com um acompanhamento de baixo simples.

As notas da publicação original de Giuliani enfatizam a importância de executar as notas graves por toda a sua duração.

Uma boa abordagem é dividir a peça em partes de quatro compassos, estudar a sua melodia e então inserir as notas graves naqueles compassos, antes de avançar. Ao manter as partes curtas, escolhas inadequadas de dedilhado poderão ser evitadas.

Toque a linha melódica primeiro, sem o acompanhamento do baixo. O dedilhado terá de ser cuidadosamente planejado, tão logo as notas graves sejam executadas. Para conseguir uma digitação mais ergonômica, siga a numeração dos dedos na tablatura.

## Op. 1, Parte 3, Nº 1 – Mauro Giuliani

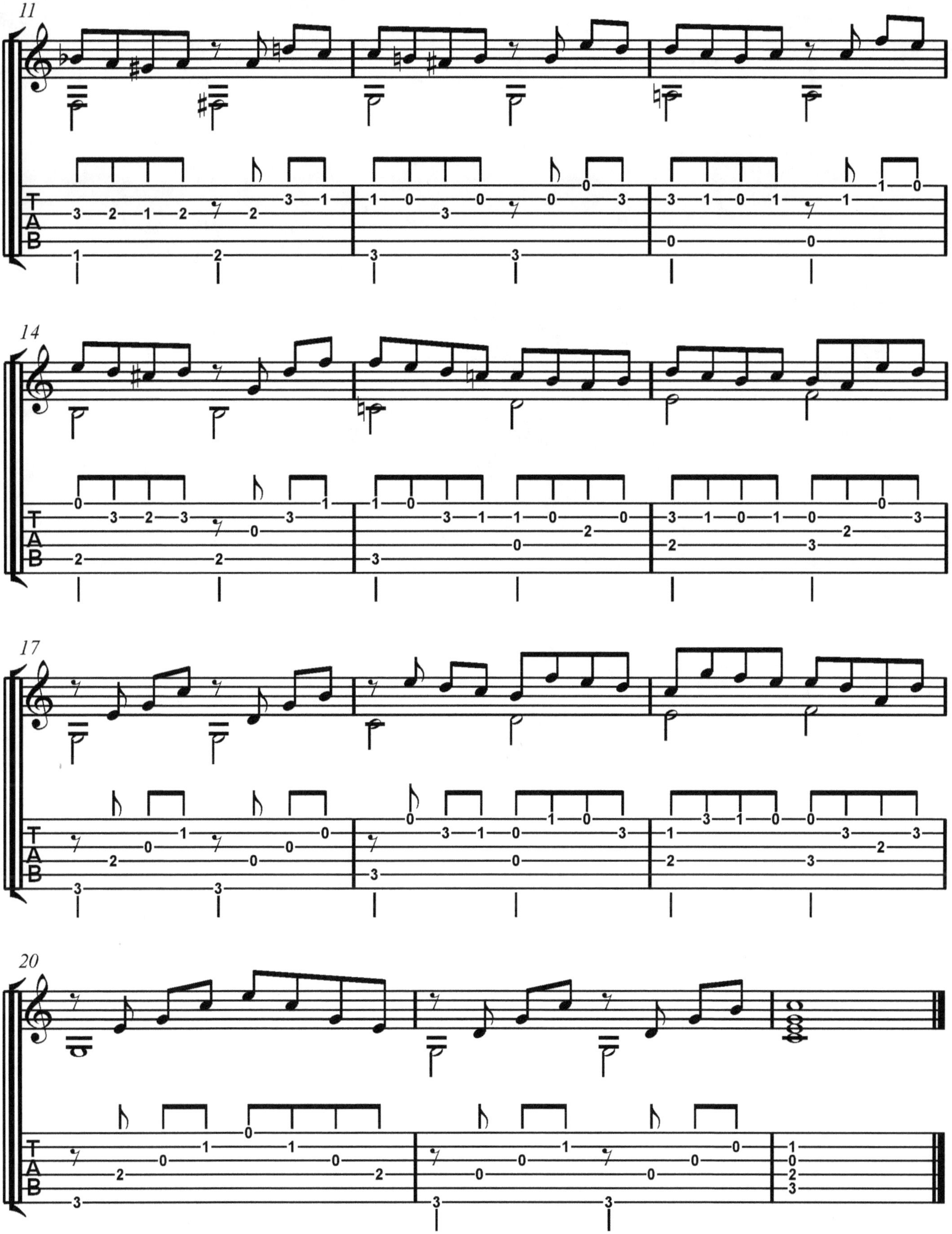
11
14
17
20

# 11. Op. 1, Parte 3, Nº 3 – Mauro Giuliani

A terceira peça do conjunto de estudos do *Op. 1*, de Giuliani, transmite mais uma sensação de agitação do que a seleção anterior. As próprias instruções de Mauro Giuliani indicam que os dedos **I** e **M** devem dedilhar as cordas de forma estritamente alternada, para evitar que a fadiga se desenvolva na mão direita.

O *Andantino* (visto no capítulo 6), de Ferdinando Carulli, utiliza brevemente essa técnica de tocar notas em uma única corda, em frases curtas, mas aqui esse é o tema de todo o estudo. Repouse o dedo **P** na corda Mi (6ª corda), para ter um ponto de referência, e toque apenas a linha da melodia, até que ela soe fluida e precisa.

A notação rítmica mostra que cada par de notas é composto por uma semicolcheia pontuada seguida de uma fusa. Este ritmo pode parecer um pouco angustiante, mas, ao ouvir o áudio, você perceberá que a segunda nota está um pouco atrasada, de modo que ela se precipita para a próxima batida forte. Para reproduzir essas duas notas rápidas é especialmente importante seguir as instruções de dedilhado acima.

O andamento indicado é o *allegro*, o que indica que a peça deve ser tocada rapidamente. No entanto, toquei-a com um ritmo mais suave, o que dá um pouco mais de espaço à melodia. A técnica de dedilhado exposta acima deve ser seguida rigorosamente, para que, com a prática, você possa tocar a peça em uma gama de tempos, bem como desenvolver a técnica necessária para tocar outras peças de estilo semelhante.

Compare as duas peças do *Op. 1* de Mauro Giuliani com as outras composições da época clássica, já abordadas, e você notará que as frases de Giuliani são muito mais longas do que a maioria. Enquanto em outras peças as frases ocorrem em padrões de 4 compassos, a melodia desta peça diminui de intensidade somente no compasso oito.

Há vários compassos anacruse na melodia, incluindo um na primeira frase. O leitor atento notará que no compasso doze falta uma colcheia, exigida pelo tempo 2/4. Era uma convenção na época retornar ao início da peça e incluir o compasso anacruse novamente nessa seção.

Na repetição, no entanto, o compasso anacruse conta como parte do compasso anterior. Após a segunda repetição do compasso doze, o compasso treze também tem um compasso anacruse, o qual completa o valor rítmico do compasso anterior.

## Op. 1, Parte 3, N° 3 – Mauro Giuliani

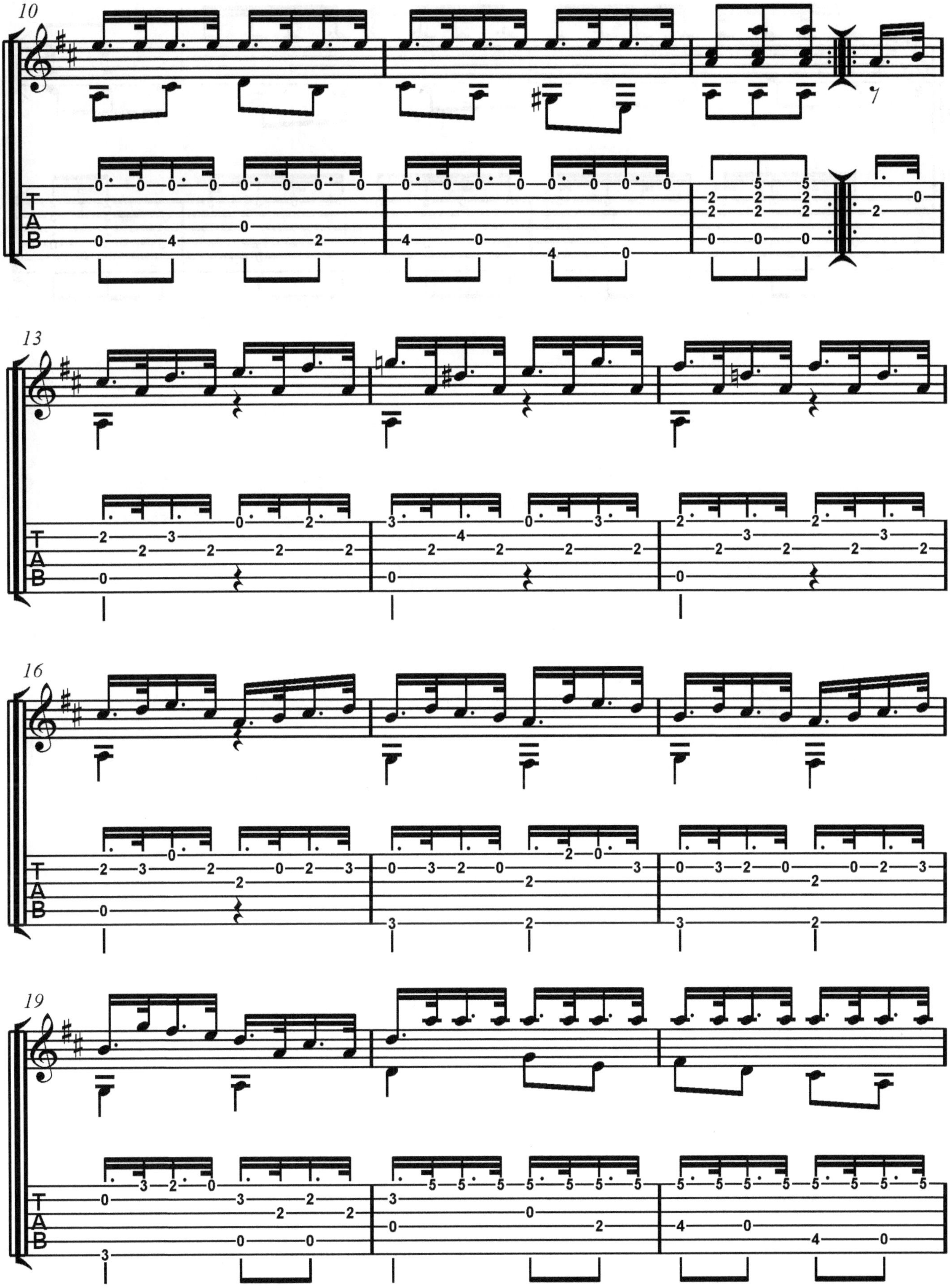
10
13
16
19
T
A
B

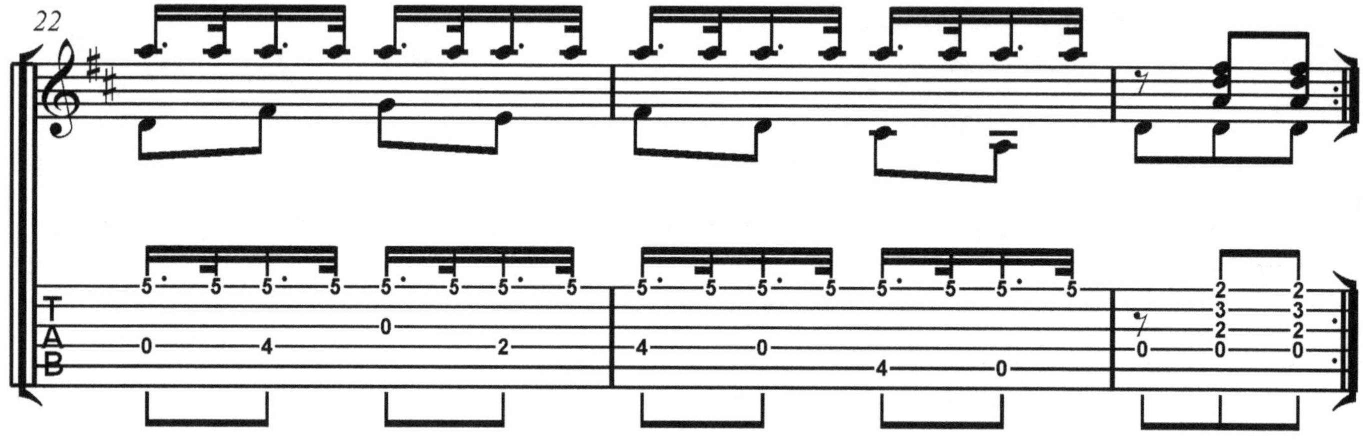

# 12. Dança Francesa Op. 8 – Matteo Carcassi

Assim como outros violonistas do período clássico abordados até agora, Matteo Carcassi (1792–1853) nasceu na Itália, mas mudou-se para a Alemanha aos 18 anos, antes de se estabelecer em Paris. Ele era um renomado violonista e professor.

Nossa primeira peça de Carcassi é uma de seu *Opus 8*, *Etrennes aux Amateurs* (*Novas Peças para Entusiastas*, em tradução literal), que é uma coleção de várias peças de inspiração popular, incluindo contradanças, valsas e árias francesas. Esta peça é a primeira contradança do trabalho supracitado.

O tempo utilizado no início da peça é o 6/8, o que significa que cada compasso contém seis colcheias, divididas em dois grupos de três. A música deve ser ouvida como um fraseado em tercina, com as seis colcheias de cada compasso sendo contadas como "1, ..., ..., 2, ..., ...".

Já foi destacado neste livro o uso de intervalos de décima, no *Andantino*, de Carulli, logo você deve ser capaz de identificar as mesmas formas nos compassos dois e três. Após ter estudado várias das peças já apresentadas neste livro, a primeira seção não deve lhe causar dificuldade séria alguma, visto que muitas das ideias desta peça já foram aqui estudadas.

A segunda seção, no compasso oito, que começa depois da barra de compasso dupla, tem algumas partes complicadas, onde a sua mão direita terá de ser precisa com o dedilhado alternado, com a utilização dos dedos **P**, **I** e **A**. Ao mesmo tempo, a sua mão esquerda executará uma variedade de *pull-offs*. Alguns deles são de curta duração (nas notas que possuem as hastes riscadas) e outros estão no tempo padrão. Utilize o áudio de exemplo para ouvir como a parte deve soar.

A terceira seção começa com o acorde de A menor nas cordas agudas, seguido pelo acorde de Fdim. Os acordes podem ser dedilhados com a mão em forma de garra, mas, dada a dinâmica tranquila (a notação "*p*" significa "*piano*", ou "suavemente"), tocá-los suavemente com o dedo **P** pode ser mais adequado.

As notas graves individuais criam um padrão de "chamada e resposta" com os acordes. O contraste entre o volume e os ataques deve ser maximizado, para tornar essa parte tão dramática e excitante quanto possível.

Após o clímax, há um retorno à primeira seção, que pode ser tocada mais calmamente, após a parte anterior mais agitada. Diminua a velocidade, conforme você estiver chegando ao fim da peça.

# Dança Francesa Op. 8 – Matteo Carcassi

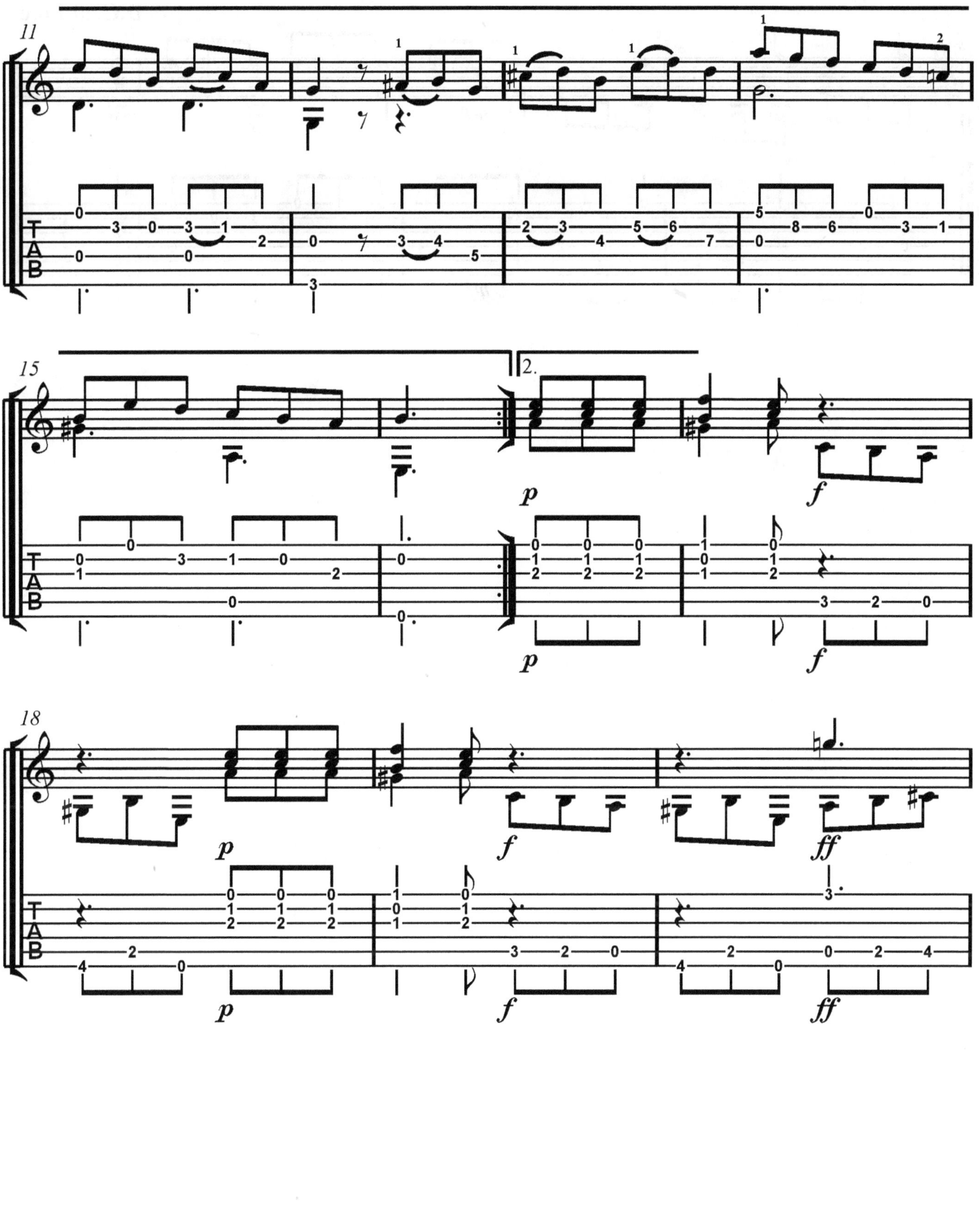
11
15
2.
18
p
f
ff
TAB

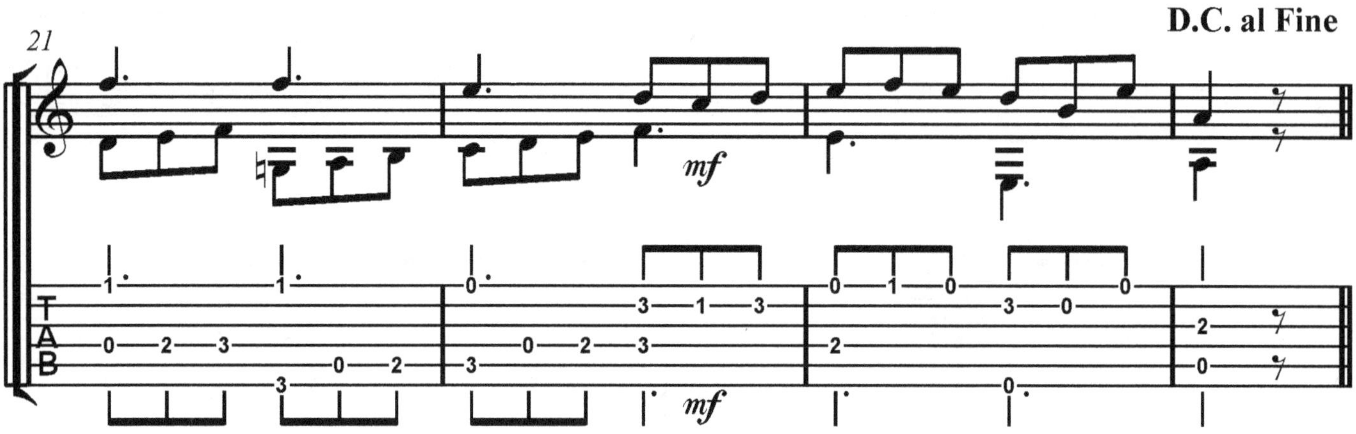
D.C. al Fine
21
mf
T
A
B
mf

# 13. Estudo em E Menor – Francisco Tárrega

O compositor espanhol Francisco Tárrega pertence à era romântica da música e esteve em atividade no final do século XIX. Suas peças são frequentemente programáticas, o que significa que elas retratam um assunto não musical, como uma cena ou estória. A sua peça mais famosa é *Recuerdos de la Alhambra* (Memórias de Alhambra, em tradução literal), inspirada na arquitetura mourisca de Granada.

Esta curta peça de Francisco Tárrega é um estudo que tem o objetivo de lhe ajudar a desenvolver a sua mão direita. O padrão da peça é muito consistente, assim você poderá se familiarizar com ele sem precisar se preocupar com muitas variações.

Utilizar o dedo 4 para digitar a nota G, no compasso um, permitirá que os *desenhos de acordes* nos compassos dois e três sejam digitados suavemente. Muitas vezes, o melhor dedilhado só se torna aparente quando você percebe qual deve ser o movimento seguinte. Se você encontrar uma seção difícil, observe o compasso anterior e veja se uma abordagem diferente poderia torná-la mais fácil.

Outra situação similar ocorre no compasso dezenove. O acorde de D7 na batida 1 deve ser digitado convencionalmente, com o dedo 3 na nota F#. Na batida 2, adicione o dedo 4 para digitar a nota G da melodia na batida 2, depois o mova até a 5ª casa, para montar o terceiro desenho de acorde utilizando os dedos 1 e 3.

O acorde final deve ser tocado como um harmônico. Um harmônico produz um som distinto e puro, parecido com o som de um sino. Coloque um dedo da mão esquerda sobre o traste da 12ª casa, antes de dedilhar as cordas normalmente. O dedo deve encostar levemente na corda. Pressione a corda exatamente sobre o traste de metal. Em seguida, retire o dedo, tão logo o harmônico tenha sido tocado.

O dedilhado padrão vai funcionar bem, mas, uma vez que você esteja confortável com ele, você deve pesquisar sobre uma técnica chamada *toque com apoio*, para dedilhar a primeira nota de cada grupo descendente. O toque com apoio é quando você dedilha "sobre" uma corda, e seu dedo repousa na corda seguinte. O *toque sem apoio* consiste em dedilhar uma corda pela sua parte de baixo e depois mover o dedo para fora das cordas. Essa prática é a mais comum.

O toque com apoio dá um som mais forte e estridente e tornará as notas agudas mais pronunciadas. Ele dá impressão de uma melodia tendo como suporte um acompanhamento separado de arpejo.

# Estudo em E Menor – Francisco Tárrega

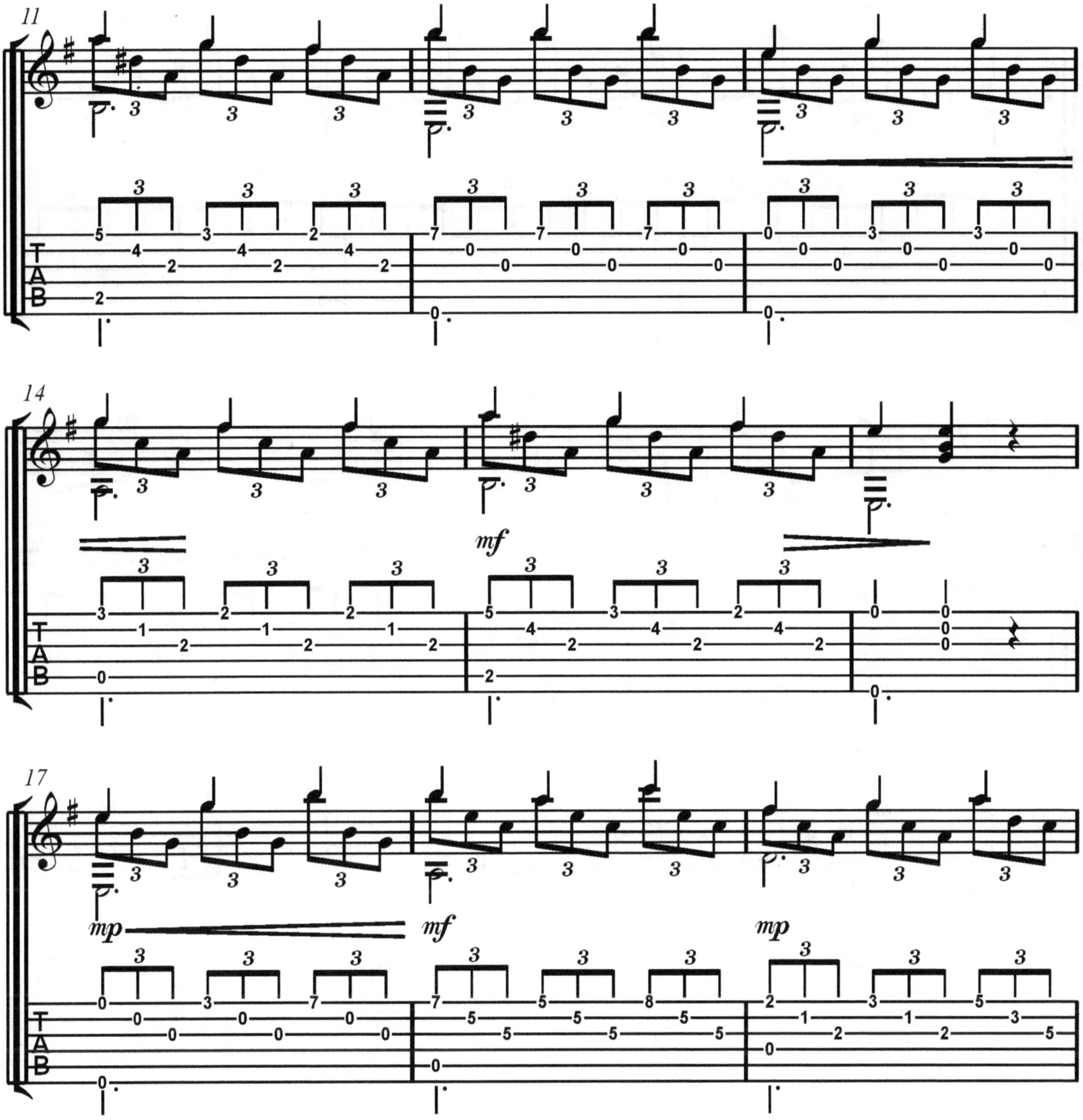
11
14
mf
17
mp
mf
mp

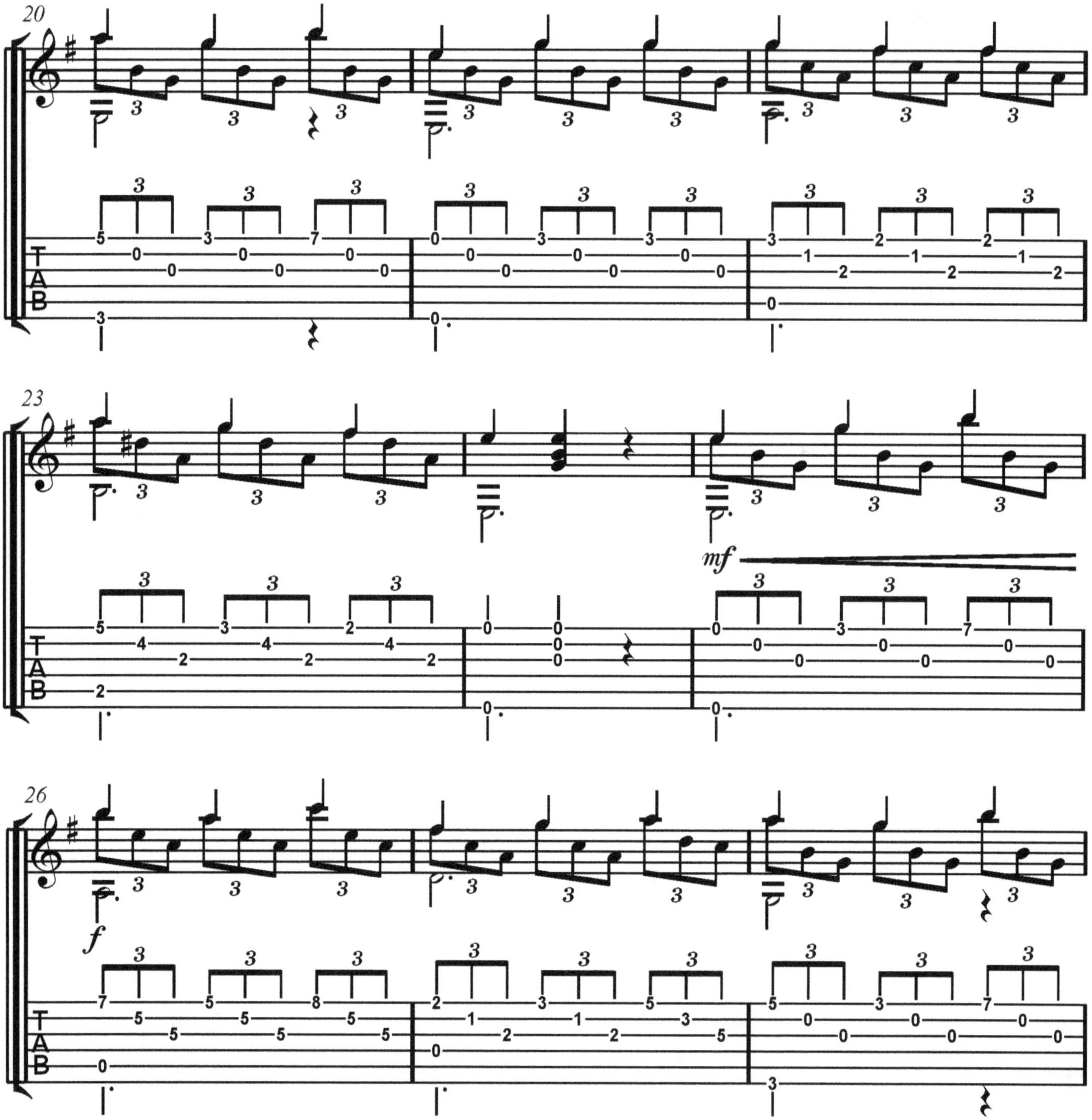
20
23
mf
26
f

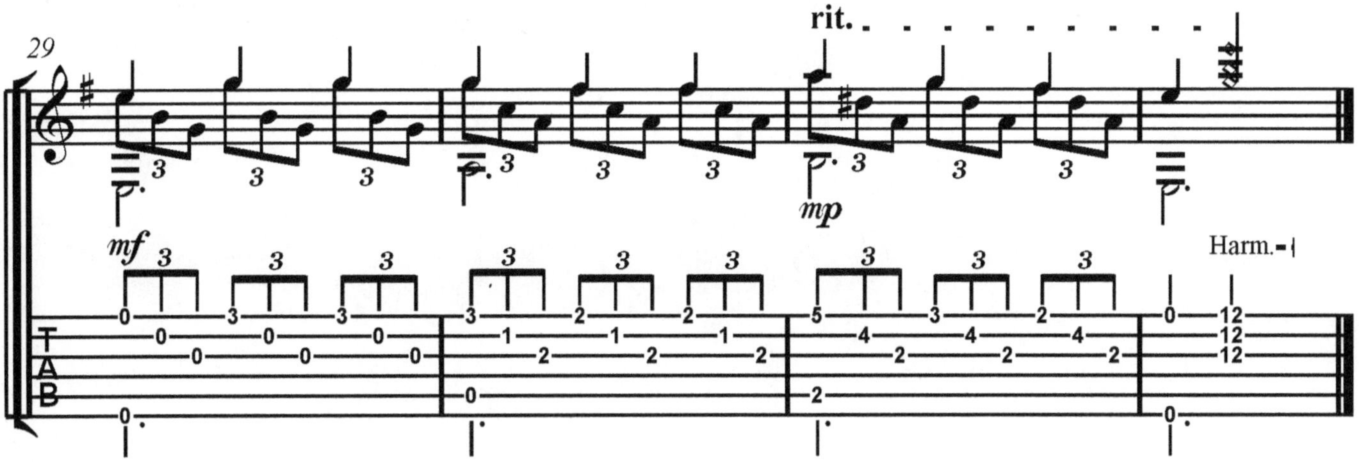
29
rit.
mf
mp
Harm.

# 14. Andante em A Menor, Op. 241, Nº 18 – Ferdinando Carulli

Esta curta peça de Ferdinando Carulli provém da sua coleção *École de Guitare*, publicada por volta de 1825.

Ela apresenta um método abrangente para enfrentar os desafios técnicos da música de violão do período. Os padrões de dedilhado nela presentes já devem ser familiares para você.

Tome cuidado para que as notas individuais se liguem suavemente ao padrão de acordes. Alterne os dedos de dedilhado, ao tocar as partes de escala. Isso pode ser confuso no começo, mas tornará as coisas mais fáceis para a mão direita, em longo prazo, por isso, dedilhe essas partes devagar por um tempo. Escrever as iniciais dos nomes dos dedos (**I**, **M** ou **A**) abaixo da notação irá ajudá-lo a praticar consistentemente.

Há uma sutil, porém importante, variação do padrão básico no compasso quinze. O ritmo dessa parte é deslocado, de modo que os acordes estão agora nos contratempos. Esta variação acrescenta uma sensação de tensão, à medida que a música vai se desenvolvendo. O efeito é similar ao de uma aceleração, embora o andamento real permaneça o mesmo. Para dedilhar o acorde no final no compasso quinze, utilize o dedilhado sugerido.

A maior parte da segunda metade da peça deve ser mais fácil, uma vez que os padrões baseados em intervalos de décima já foram bem abordados. No entanto, há um ponto, nos compassos 28 e 29, onde o melhor dedilhado pode não ser tão óbvio. Pratique-o ao contrário, a partir da metade do compasso 29, para evitar que o dedo 4 tenha de saltar da corda Si para a corda Ré.

Ouça o áudio para ouvir como andamento deve ser tocado. Você pode, sem perceber, começar a tocar rapidamente as seções mais fáceis, mas lembre-se que o *andante* é tocado em um ritmo de 75–100 BPM.

Uma vez que você possa tocar a peça com confiança, em um andamento fixo, varie o fraseado durante a segunda seção (compassos dezessete a 37). O fim de cada frase é identificado por uma pausa. Diminua a velocidade à medida que você for se aproximando de cada pausa, então acelere novamente no início da próxima frase.

# Andante em A Menor, Op. 241, Nº 18 – Ferdinando Carulli

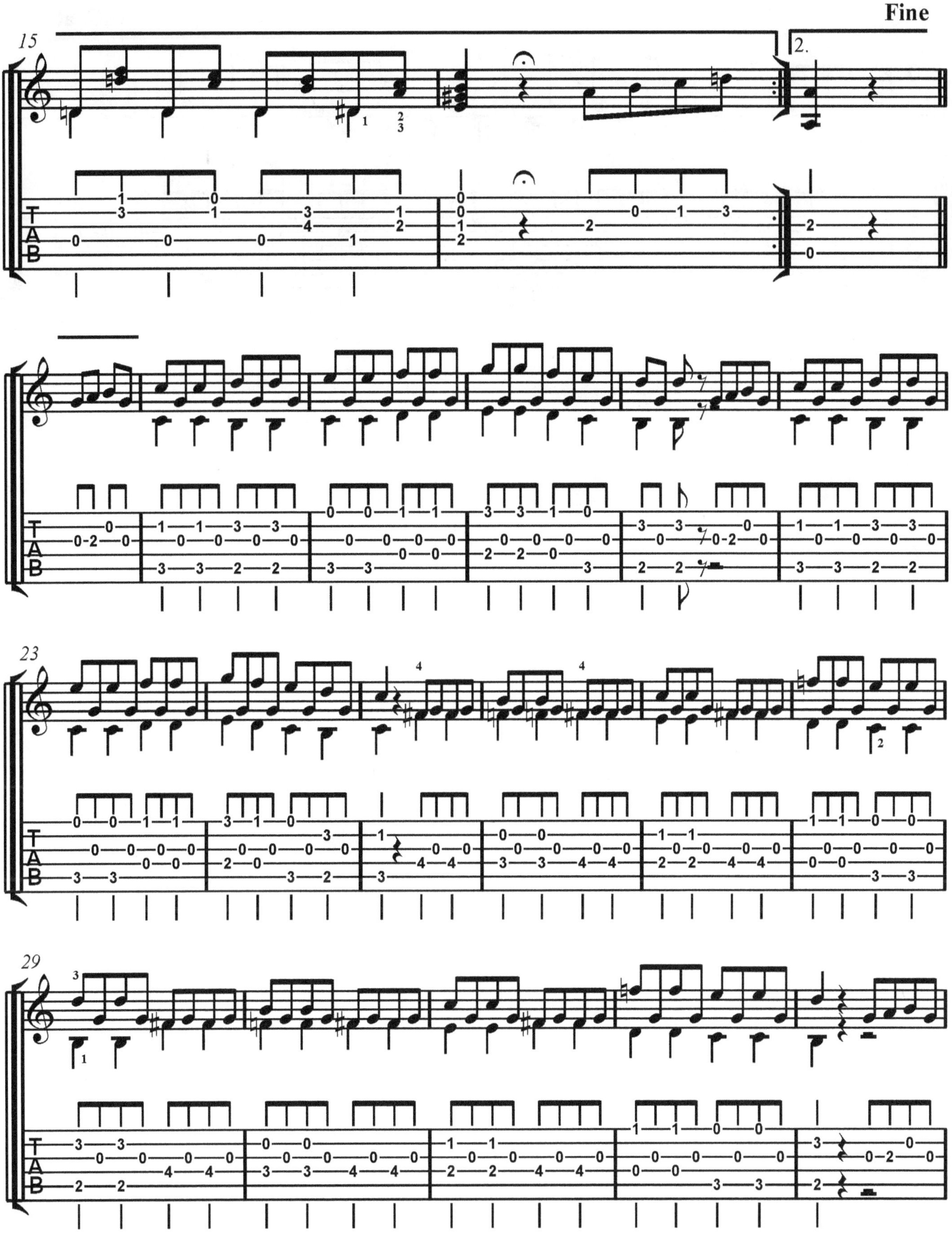
Fine
2.

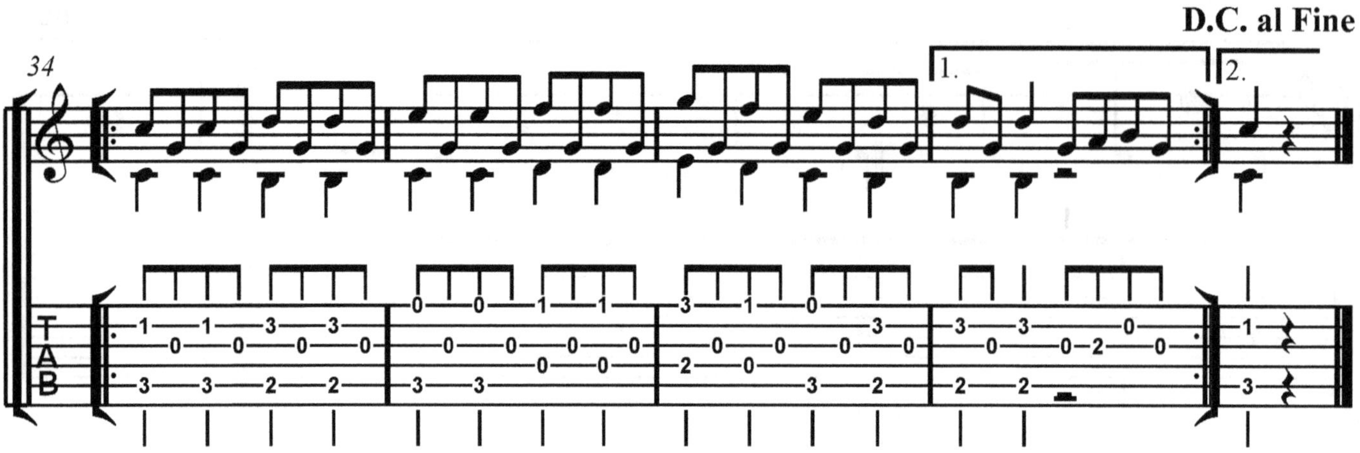
D.C. al Fine
34
1.
2.
TAB

# 15. Scarborough Fair (Tradicional)

A *Scarborough Fair* é uma das mais conhecidas músicas populares já compostas. Muito do seu apelo duradouro deve-se ao renascimento da música popular nos anos de 1960. Paul Simon aprendeu a canção com o renomado violonista inglês Martin Carthy, e Simon & Garfunkel gravaram-na em 1968. Como a maioria das canções e histórias populares, a *Scarborough Fair* possui muitas versões. O nosso arranjo consiste em uma breve introdução, seguida por duas repetições da melodia e depois por uma repetição da introdução para finalizar a peça. Várias texturas diferentes são utilizadas para manter a peça interessante. Em cada seção, observe quantas notas são tocadas simultaneamente e se os acordes mudam uma vez por compasso, ou se um novo acorde é adicionado a cada nota da música.

A abertura combina notas em posições mais altas no braço do violão com cordas soltas. Desenhos como esses produzem intervalos interessantes, ao permitir que as notas que estão próximas umas das outras soem simultaneamente. Essa textura evoca o som de uma harpa celta.

Os compassos de cinco a oito contêm a primeira frase da música. A melodia é tocada com a utilização de notas encontradas em acordes abertos comuns. No compasso sete, o acorde de C maior deve ser mantido pressionado por todo o compasso, com apenas o dedo 1 sendo removido para digitar a nota F.

A frase seguinte junta as notas da melodia com uma harmonia em sexta abaixo. As notas graves tocadas em cordas soltas devem soar livremente. Tenha cuidado com o arqueamento dos seus dedos para evitar abafar acidentalmente as cordas, especialmente no compasso onze, onde a corda solta está entre duas notas digitadas.

Os compassos entre dezessete e vinte empregam intervalos de décima, como já vimos em várias peças anteriores, como no *Andantino*, de Ferdinando Carulli. A melodia soará mais suave, se você evitar utilizar o mesmo dedo consecutivamente durante a transição entre as notas.

Outra parte inspirada na harpa ocorre entre os compassos 23 e 24. As notas da melodia (E, C, F e D) são tocadas juntas, criando um tipo de acorde conhecido como *cluster*.

Trate ambos os pares de notas no compasso 25 como um desenho de acorde, para que eles soem juntos, dando um som mais espesso. Mantenha o dedo 1 na corda Mi (1ª corda) e depois, no compasso 26, utilize o dedo 4 para montar o acorde. Dessa forma, você conseguirá manter o ritmo.

Execute atentamente a digitação no compasso 33, para suavizar a mudança de posição. O acorde de C aberto no compasso anterior significa que você deve começar o compasso seguinte com o dedo 3. Todo o compasso 33 utiliza apenas os dedos 2 e 3. Mantenha o dedo 3 na corda Si no compasso seguinte.

Quando você conseguir tocar a peça em um ritmo constante, adicione alguns fraseados expressivos. Uma ótima maneira de decidir onde e como ele deve ser feito é cantar a música em voz alta, ou ouvi-la cantada (de preferência desacompanhada). Repare nos pontos da canção onde há aumento ou diminuição de volume, e como o andamento diminui no final de cada frase. Replicar essas nuances adicionará muito à sua performance e pode tornar cativante uma música aparentemente simples.

# Scarborough Fair (Tradicional)

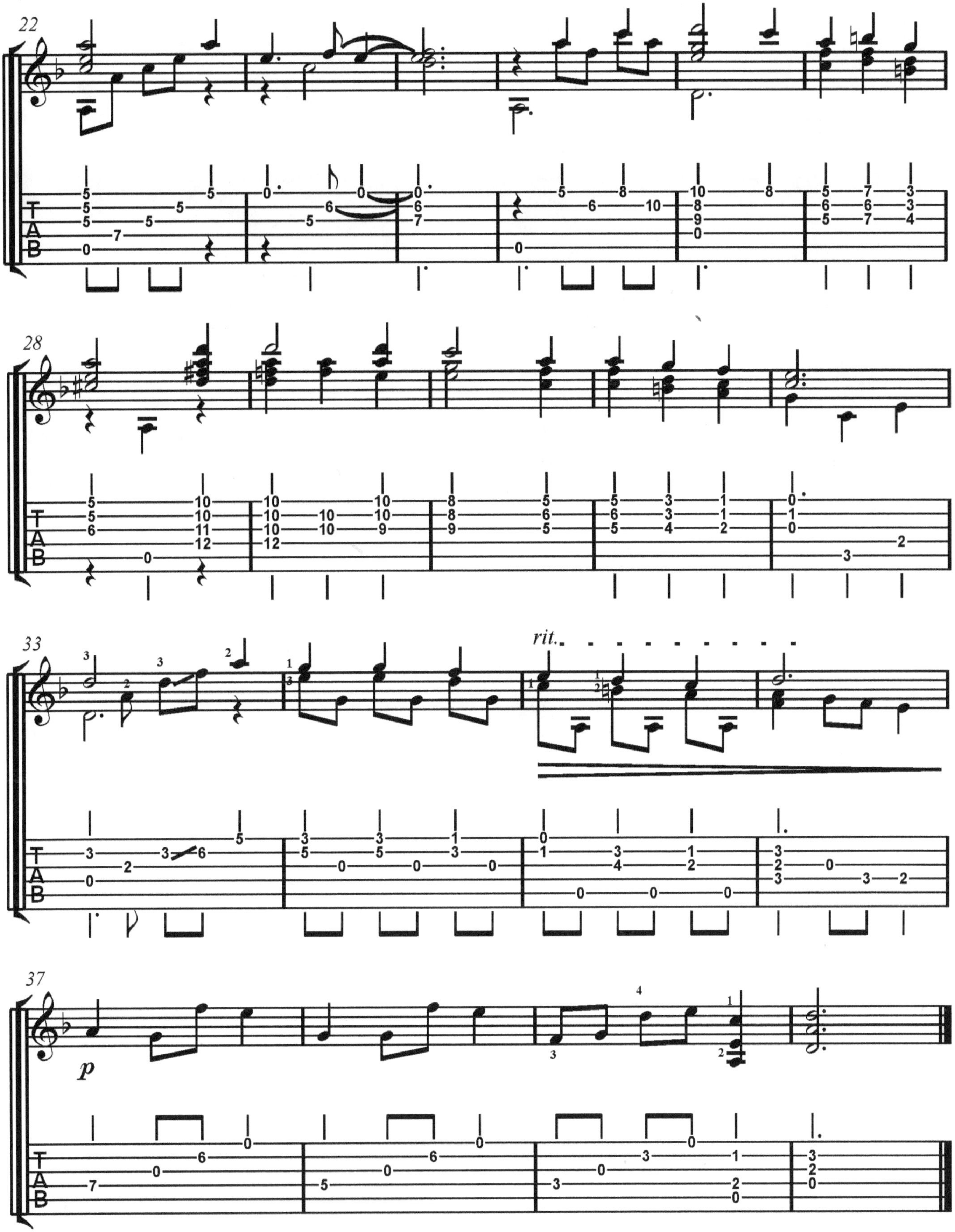
rit.
p

# 16. Op.4, Bagatelle Nº 10 – Heinrich Marschner

Embora menos reconhecido atualmente do que seus contemporâneos (Beethoven, Wagner e Schumann), Heinrich Marschner foi um mestre da ópera alemã e muito adorado durante sua vida. Ele também escreveu canções e música de câmara instrumental.

Um de seus primeiros trabalhos publicados é uma coleção de doze bagatelas, publicada em Leipzig, Alemanha, em 1812. Bagatelas são peças curtas e cheias de leveza, sem qualquer sentimento ou estrutura pressupostos.

Um padrão constante de semicolcheia é utilizado na maior parte da peça. No entanto, o posicionamento das notas sofre alterações, portanto o desafio é variar os padrões de dedilhado, sem perder a velocidade. Nas duas primeiras seções, é tocada uma melodia de nota única com os dedos **M** ou **A**, enquanto os dedos **P** e **I** (ou **P**, **I** e **M** no compasso três) são utilizados nos contratempos.

A terceira seção inverte o padrão. Aqui a linha de baixo e a nota melódica estão juntas na batida, com a corda Sol solta fornecendo um som de nota pedal durante todo o tempo. Isto requer o uso dos dedos **P** e **M** nas batidas, com a nota G sendo dedilhada entre as batidas.

No compasso doze, a digitação da mão esquerda foi dividida em partes, para a execução da linha descendente com *double-stops*. No compasso anterior, a nota Sol aguda, tocada repetidas vezes, deve ser digitada com dedo 4, e o acorde diminuto na batida 2 deve ser digitado com os três dedos restantes. Depois, há uma mudança de posição rápida para a execução dos *double-stops*.

Nos compassos treze e quatorze, a nota pedal é unida a intervalos menores de sexta, porém de sonoridade igualmente doce ao intervalo anterior. Os já conhecidos intervalos de décima retornam no compasso quinze.

Quando todas as notas estiverem sendo tocadas corretamente, em um tempo constante, você poderá dedicar-se a captar os detalhes mais sutis da peça.

Todos os acordes no contratempo na primeira metade da peça devem ser curtos e destacados, como indicado pelas pausas de semicolcheia. Essa forma de executar os acordes dá um maior senso de contraste entre a melodia e os acordes.

Para ter controle sobre a duração das notas, pratique repousar o polegar e o indicador sobre as cordas que acabaram de ser tocadas, mantendo os outros dedos bem afastados, para que eles não atrapalhem a execução da melodia.

# Op.4 Bagatelle Nº 10 – Heinrich Marschner

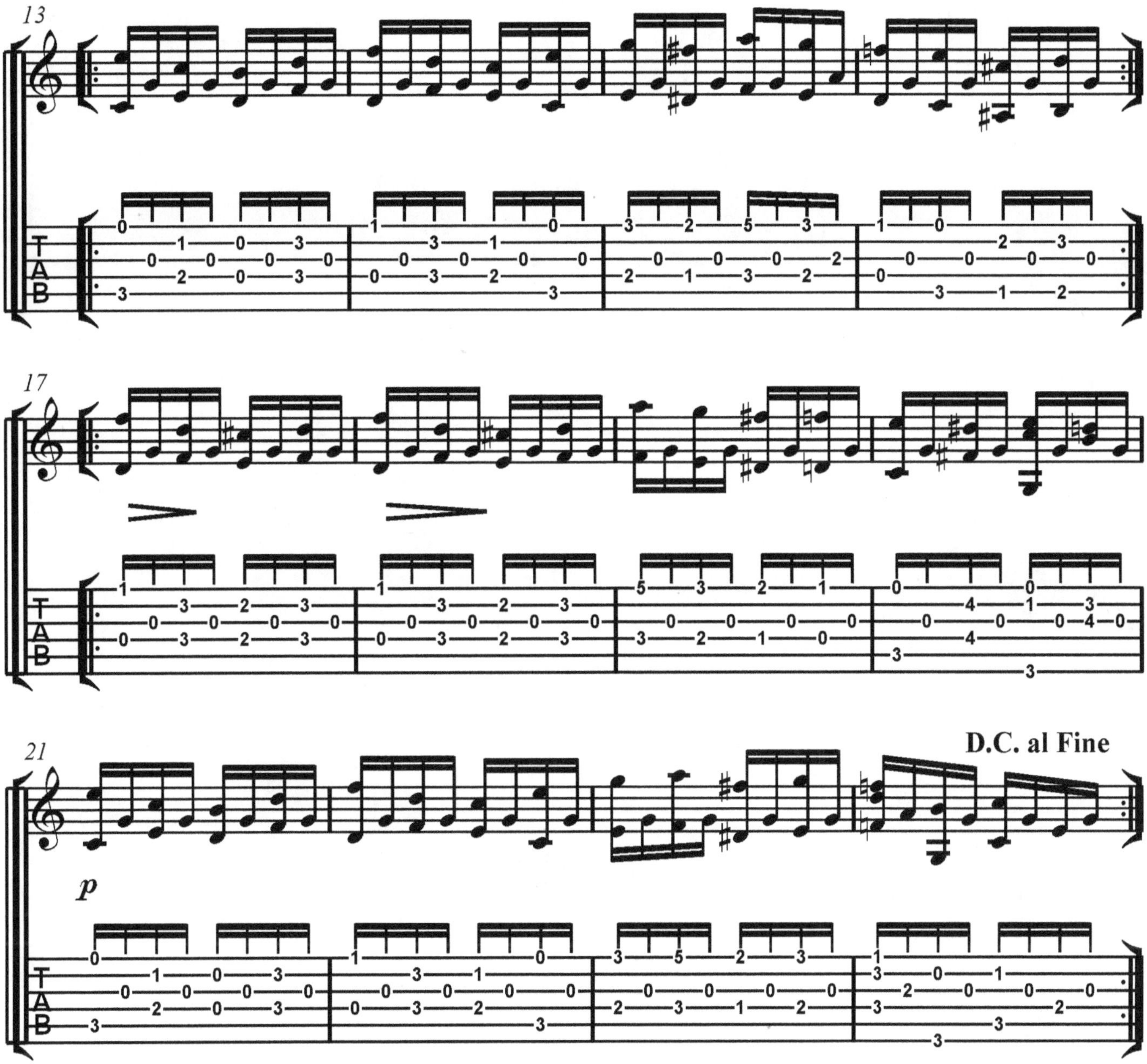
13
17
21
D.C. al Fine
p

# 17. Op. 10, Nº 1 – Matteo Carcassi

Agora, voltamos à música de Matteo Carcassi para explorar sua coleção *Opus 10*, intitulada *Twelve Easy Pieces (Doze Peças Fáceis)*.

A velocidade indicada na notação é *allegretto non troppo*, que significa uma execução musical relativamente rápida. O tempo alvo de execução da peça é 105 BPM. Logo, você deve dedicar bastante tempo tocando cada seção em um tempo mais lento.

A combinação do polegar e dos outros dedos com lampejos de notas individuais desenvolverá a habilidade da sua mão direita. Utilize o polegar onde houver hastes abaixo da tablatura e da notação. O restante da peça deve ser dedilhado com os outros dedos. O tom diferenciado causado pelo polegar irá lhe ajudar a separar a linha de baixo das outras notas.

Utilize o dedo 4 para digitar várias das notas da melodia, visto que isso irá lhe permitir manter as notas graves pressionadas por mais tempo. No compasso um, as notas graves C e G devem ser digitadas com o dedo 3 (como em um acorde aberto de C), para que o dedo 4 possa alcançar as notas da melodia na 3ª casa, nos dois primeiros compassos.

No compasso três, utilize os dedos 1 e 2 no primeiro acorde e o dedo 4 para tocar a nota D. Isso permite que esse último dedo fique disponível para fazer uma transição suave para a próxima nota grave na 3ª casa.

Uma seção particularmente difícil nesta peça é composta por uma sequência de notas individuais, tocadas no compasso dezesseis. O padrão de dedilhado até então utilizado é desfeito, e para obter a velocidade necessária a mão direita deve alternar entre dois dedos (**I** e **M**) em uma única corda. Para conseguir um ataque mais consistente, pode ser útil reposicionar os dedos citados de forma ligeiramente igual, em vez de posicioná-los em inclinações diferentes.

Com relação ao nível técnico, nos primeiros doze compassos você sentir-se-á como se estivesse tocando notas sustentadas com o polegar, enquanto mantém figuras alternadas com os outros dedos. Musicalmente, isso pode ser visto como uma linha de baixo e uma linha melódica de semínima movendo-se no contraponto, enquanto uma terceira camada de cordas Sol soltas são adicionadas. As notas nas batidas podem ser tocadas ligeiramente mais alto do que as cordas Sol soltas, no entanto isso requer um alto nível de controle sobre o volume.

## Op. 10, N° 1 – Matteo Carcassi

**Allegretto non troppo**

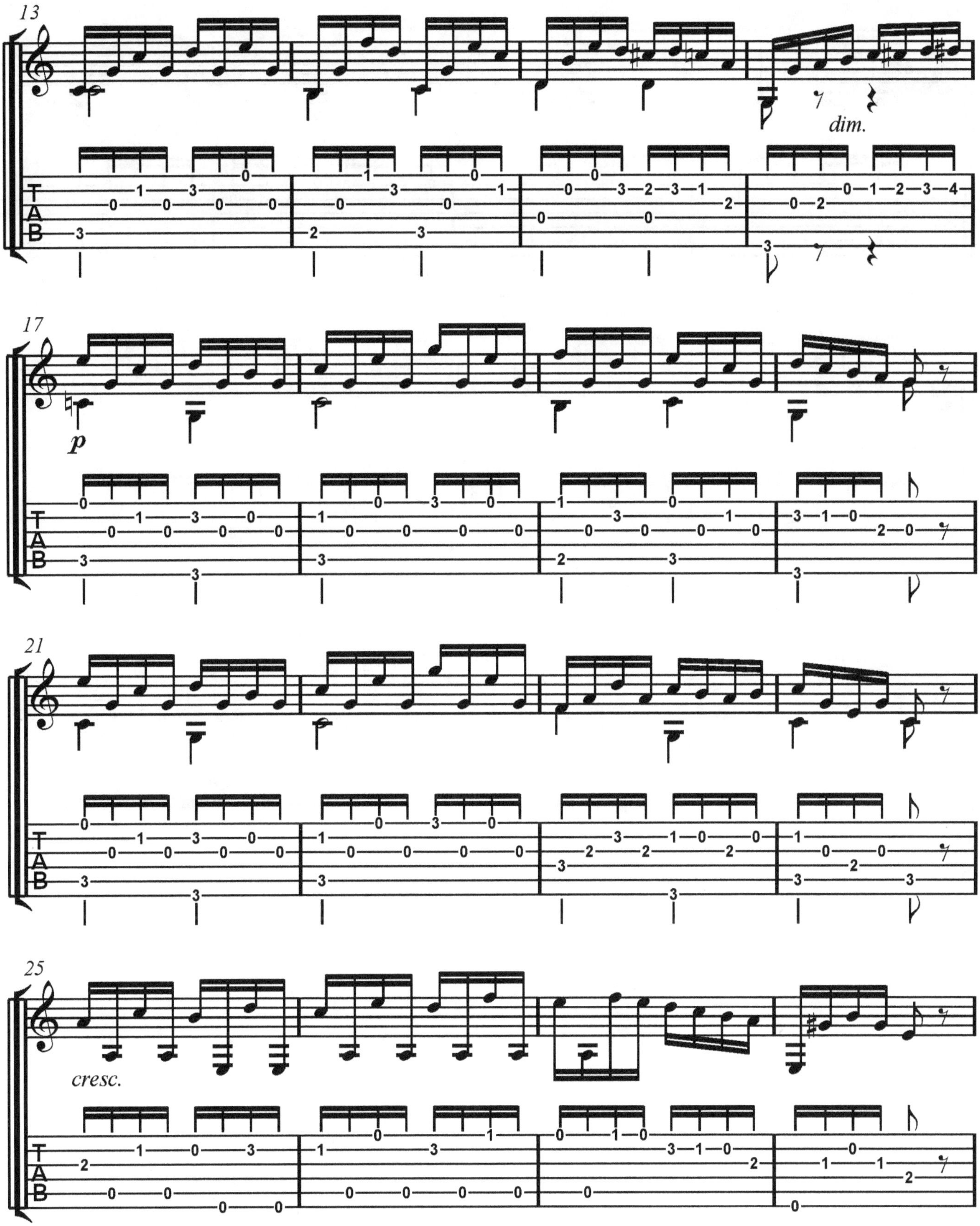
13
dim.
17
p
21
25
cresc.

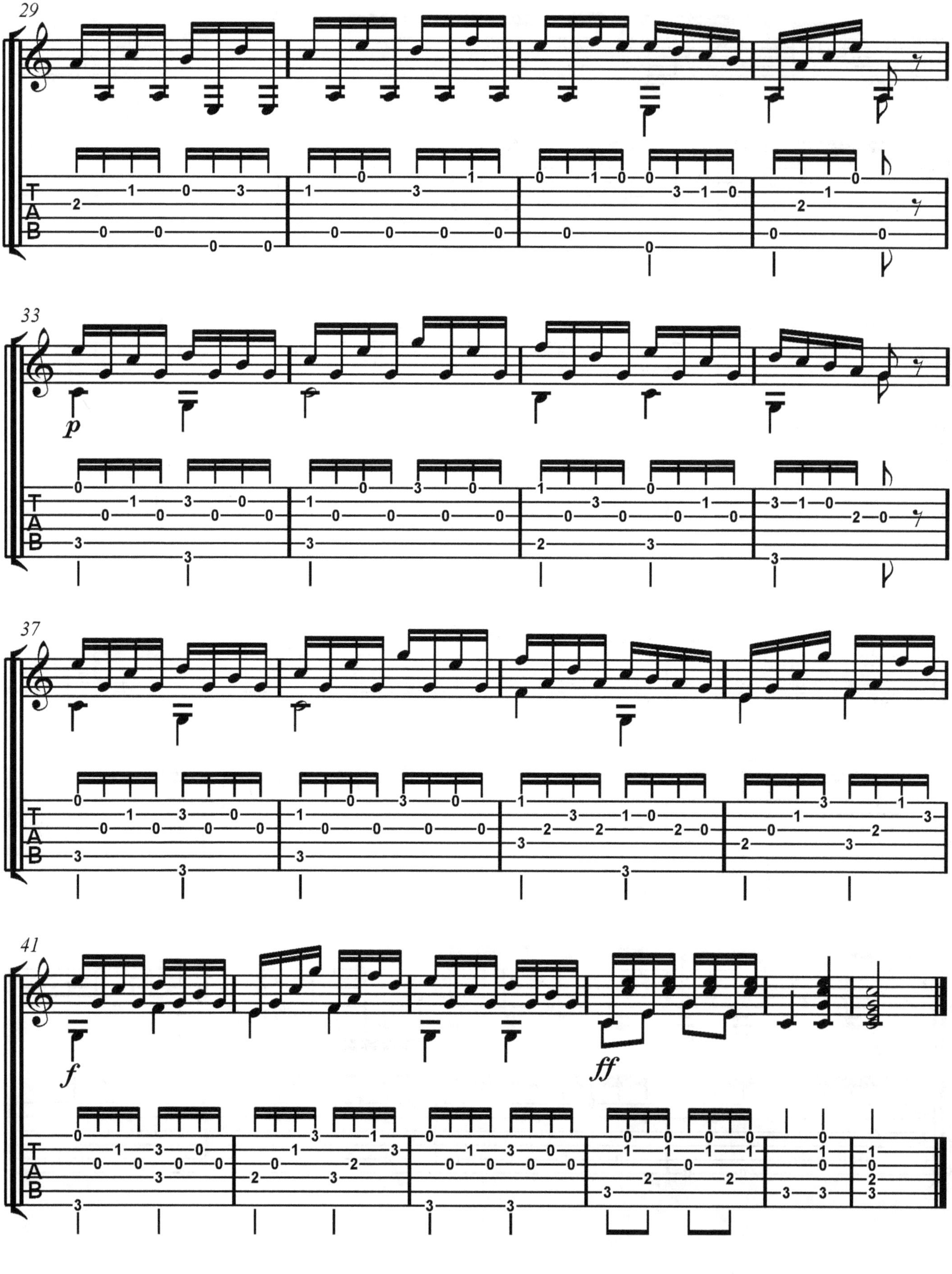
29
TAB
33
p
TAB
37
TAB
41
f
ff
TAB

# 18. Lágrima – Francisco Tárrega

Esta bela *Lágrima (Teardrop)*, de Francisco Tárrega, é típica do estilo romântico espanhol. O compositor consegue fazer com que a normalmente brilhante e ensolarada tonalidade de E maior soe como uma nostalgia saudosista. Após o tema principal, a música muda para a tonalidade paralela de E menor, produzindo uma sensação ainda mais obscura.

Modulações paralelas como essa fazem com que a tonalidade menor de destino soe ainda mais triste.

Mantenha o dedo 4 pressionado durante a sequência de intervalos de décima no compasso um. A nota mais grave de cada par de notas deve ser digitada com o dedo 1 ou 2, dependendo do intervalo de casas, que pode ser de uma ou duas casas.

Para permitir que os compassos dois e quatro soem corretamente, comece a digitação com os dedos 1 e 4 (dando continuidade à digitação do compasso anterior), depois adicione os dedos 3 e 4, conforme for necessário. Mantenha os dedos arqueados para que nota alguma seja abafada acidentalmente. O acorde deve "encorpar" ao longo do compasso, à medida que mais notas forem adicionadas.

O compasso 5 exigirá mais preparo. Certifique-se de executar imediatamente uma pestana nas quatro cordas agudas, para preparar a execução da nota B na corda Ré, quando chegar a hora.

Após mover o dedo 2 até a 11ª casa, no compasso seis, os dedos restantes devem formar o desenho do acorde de A menor (o desenho parecerá o de A menor, porém, por causa da posição, o acorde será o de F#m).

Na batida 2 do compasso sete, você deve novamente executar uma pestana, agora na 2ª casa, de modo que a nota grave seguinte possa ser executada de imediato. Isso irá lhe poupar de ter que reposicionar a mão no meio da frase.

A partir do compasso nove há várias mudanças de posição que precisam ser bem praticadas para que soem bem. A primeira mudança apresenta um *slide* expressivo, que dá energia à peça, ao exagerar o aumento de tonalidade. A nota C, na 8ª casa, deve ser dedilhada novamente, depois do *slide* feito até ela. Isso é ritmicamente complicado, por isso ouça atentamente o áudio de exemplo.

Felizmente, há notas com cordas soltas, antes da maioria das mudanças de posição. Pode demorar algum tempo para que você desenvolva a independência de ambas as mãos, no entanto procure praticar essas mudanças, sem se perder no tempo, à medida que a mão direita for dedilhando cordas soltas.

# Lágrima – Francisco Tárrega

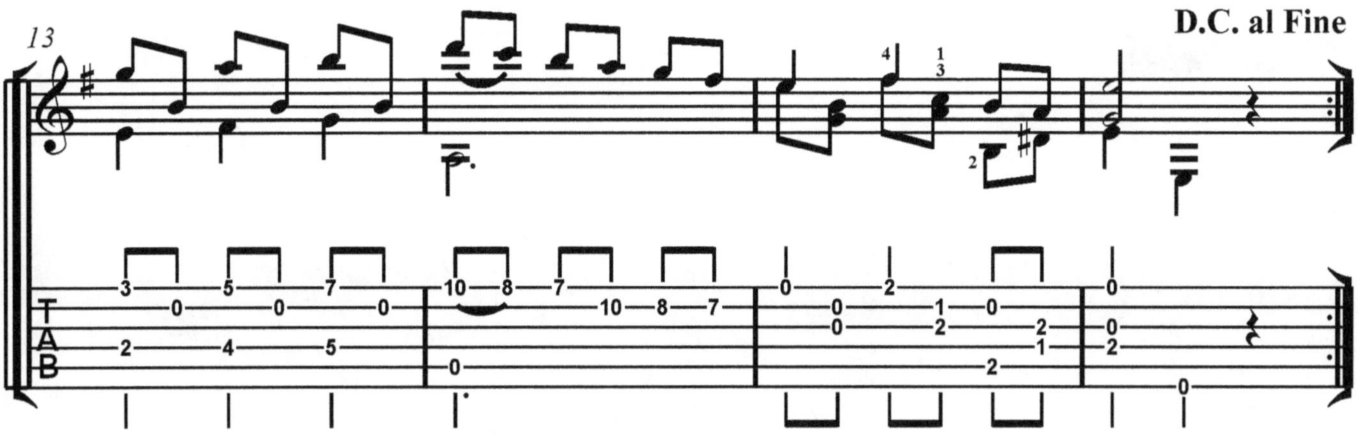
D.C. al Fine

# 19. Bourrée em E Menor – J.S. Bach

Um *bourrée* é uma dança francesa, que foi popular na Europa Ocidental durante a vida de Bach (1685–1750). O violão já existia nessa época, em sua forma mais ou menos moderna, mas ainda era limitado principalmente à Espanha, então Bach, sendo alemão, estaria mais familiarizado com o alaúde.

Johann Sebastian Bach trabalhou principalmente como organista de igreja. O seu repertório era constituído principalmente por obras de corais religiosos e música instrumental de instrumentos de teclas.

Esta tão adorada peça é de uma suíte mais longa contendo seis movimentos. Cada movimento é baseado em diferentes formas de dança. A peça não se destinava a ser dançada, mas adota as características musicais de um *bourrée* como ponto de partida.

O *Bourrée em E menor* é um exemplo perfeito de *contraponto*: duas melodias simultâneas que são independentes, mas, ao mesmo tempo, complementares.

Dentro do contraponto as melodias podem interagir de duas formas: Movendo-se em *movimento similar* (ambas as vozes subindo ou descendo juntas na tonalidade) ou se movendo em *movimento contrário* (indo em direções opostas). Observe os primeiros quatro compassos na notação e veja como as duas linhas de "concertina" se aproximam e afastam uma da outra. A forma melódica desta peça é um exemplo de movimento contrário.

Ao ouvir o áudio, concentre-se na voz mais aguda ou na mais grave e a siga do início ao fim. Essa habilidade de audição "de editor" melhorará com a prática e irá lhe permitir perceber todos os tipos de detalhes de uma música.

## Bourrée em E Menor – J.S. Bach

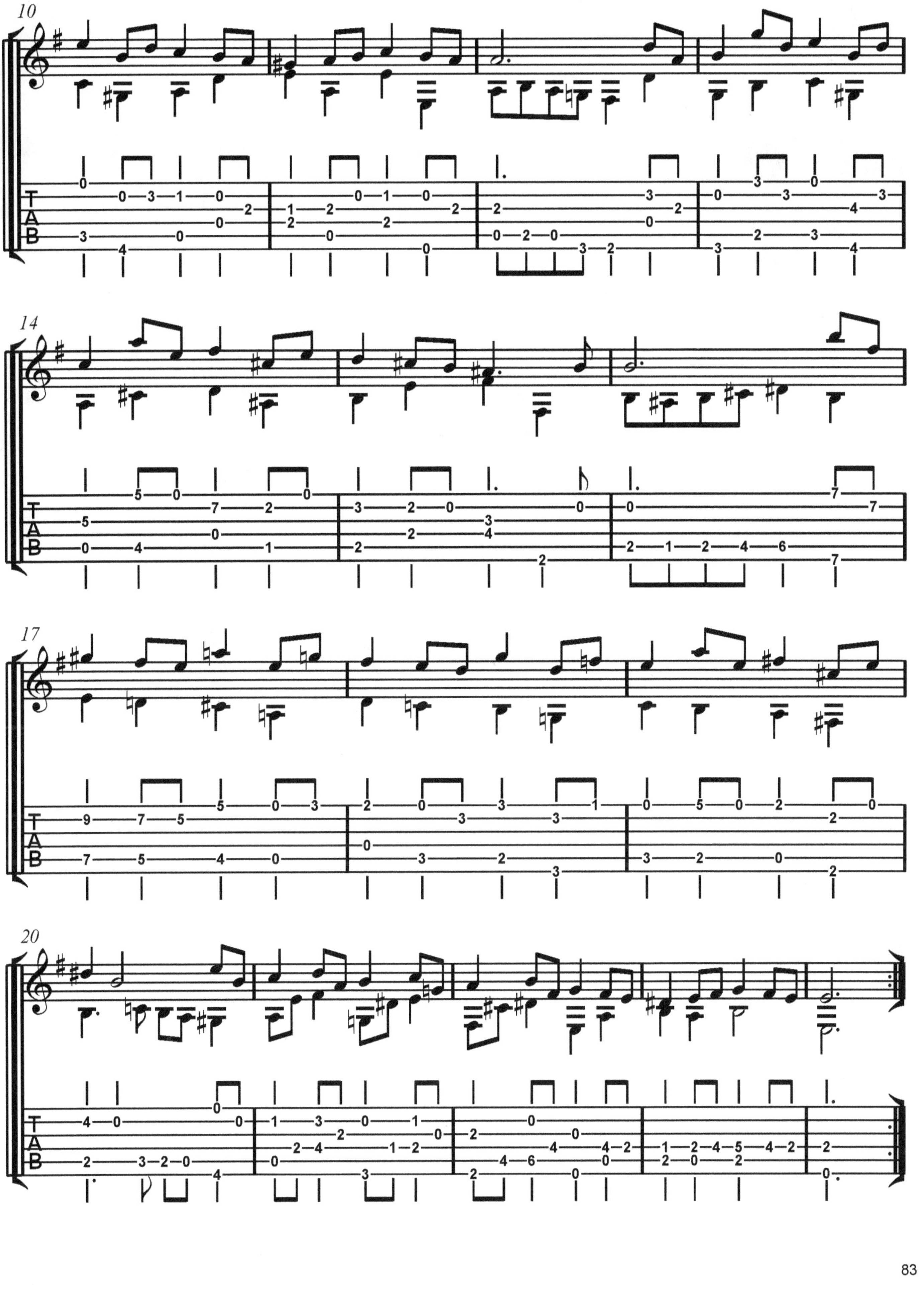
10
14
17
20

# 20. Op. 35, Estudo Nº 22 – Fernando Sor

A maioria dos estudos clássicos examinados até agora se concentrou no desenvolvimento da mão direita. No *Estudo Nº 22* (uma das peças de solo mais *tocada*s e populares), a mão direita executa um padrão repetitivo, o que lhe permite focar no desenvolvimento da força e resistência da mão esquerda.

Nesta peça, *Estudo Nº 22*, há vários momentos onde são necessários acordes com pestana. Muitos violonistas acham difícil executar pestanas por um longo período de tempo ou executá-las esporádica e suavemente. Outros acordes utilizam cordas soltas junto de notas digitadas, portanto os seus dedos devem estar arqueados e posicionados precisamente para que tudo soe corretamente.

A chave para uma boa execução de um acorde com pestana é otimizar o seu contato com o violão. Comece posicionando o dedo 1 sobre a 2ª casa, para executar o acorde de B menor inicial. O dedo 1 deve estar o mais próximo possível do metal do traste, com o mesmo quase debaixo do dedo. Mantenha o polegar direito no meio do braço do violão, como se estivesse imprimindo a sua digital no violão.

Não pressione o dedo 1 com os outros dedos, para digitar a nota. Cada dedo deve ser independente e a pestana deve ser executada com um único dedo, para que os outros dedos fiquem livres para montar o resto do acorde.

Há três ocasiões onde acordes com pestana surgem nesta peça, e apenas o acorde de F# maior, no compasso 32, e o acorde de F#7, no compasso 47, exigem a utilização das seis cordas.

Há algumas escolhas sutis de dedilhado que o ajudarão a executar as mudanças de acordes da maneira mais suave possível. No compasso três, utilize os dedos 1 e 3. Pratique trocar de cordas com o dedo 1, do compasso dois até o compasso três, deixando que as notas tocadas soem o máximo de tempo possível.

Entre os compassos quatro e seis, mantenha o dedo 1 na corda Si, para ter um ponto de referência, enquanto os dedos 2 e 3 mudam de cordas.

Comece por abordar a peça como um estudo de acordes. Identifique cada desenho de acorde e certifique-se de que as mudanças de acordes sejam as mais suaves possíveis, sem que haja zumbidos nos acordes com pestana.

A notação foi simplificada, em comparação à versão original. Mesmo todas as notas estando corretas, Fernando Sor ainda fez exigências rígidas sobre quanto tempo cada nota devia durar. As hastes extras das notas deram à peça uma aparência confusa na página, mas permitiram que a música fosse claramente vista como uma série de linhas melódicas em camadas.

A técnica de toque com apoio, vista no *Estudo em E menor* (capítulo 12), também funcionará bem aqui para acentuar as notas mais agudas, tão logo os desenhos dos acordes sejam dominados.

Ouça algumas gravações de violonistas magistrais como Julian Bream ou Andrés Segovia e você poderá apreciar como as notas mais agudas de cada compasso são acentuadas para realçar a melodia.

## Op. 35, Estudo Nº 22 – Fernando Sor

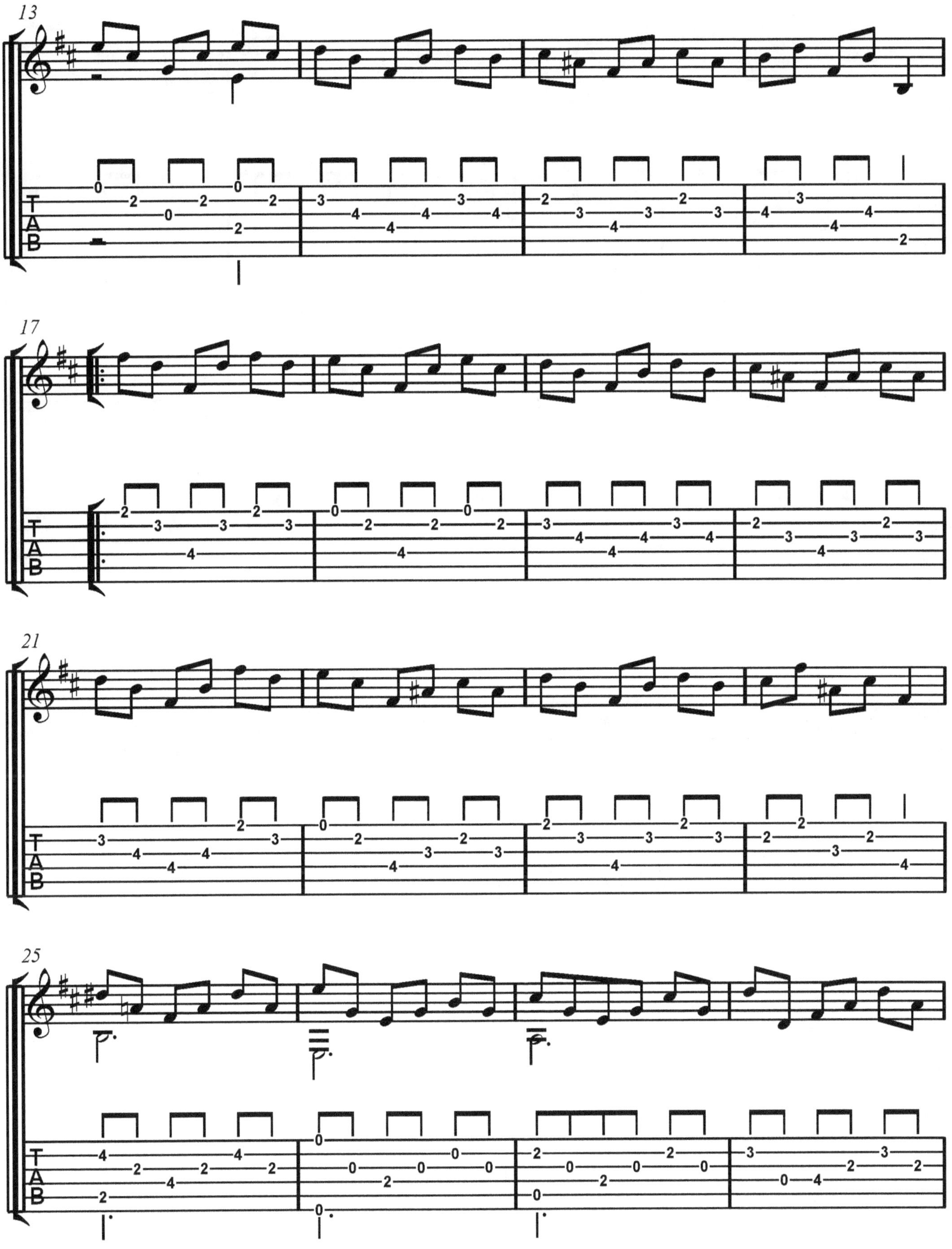
13
17
21
25

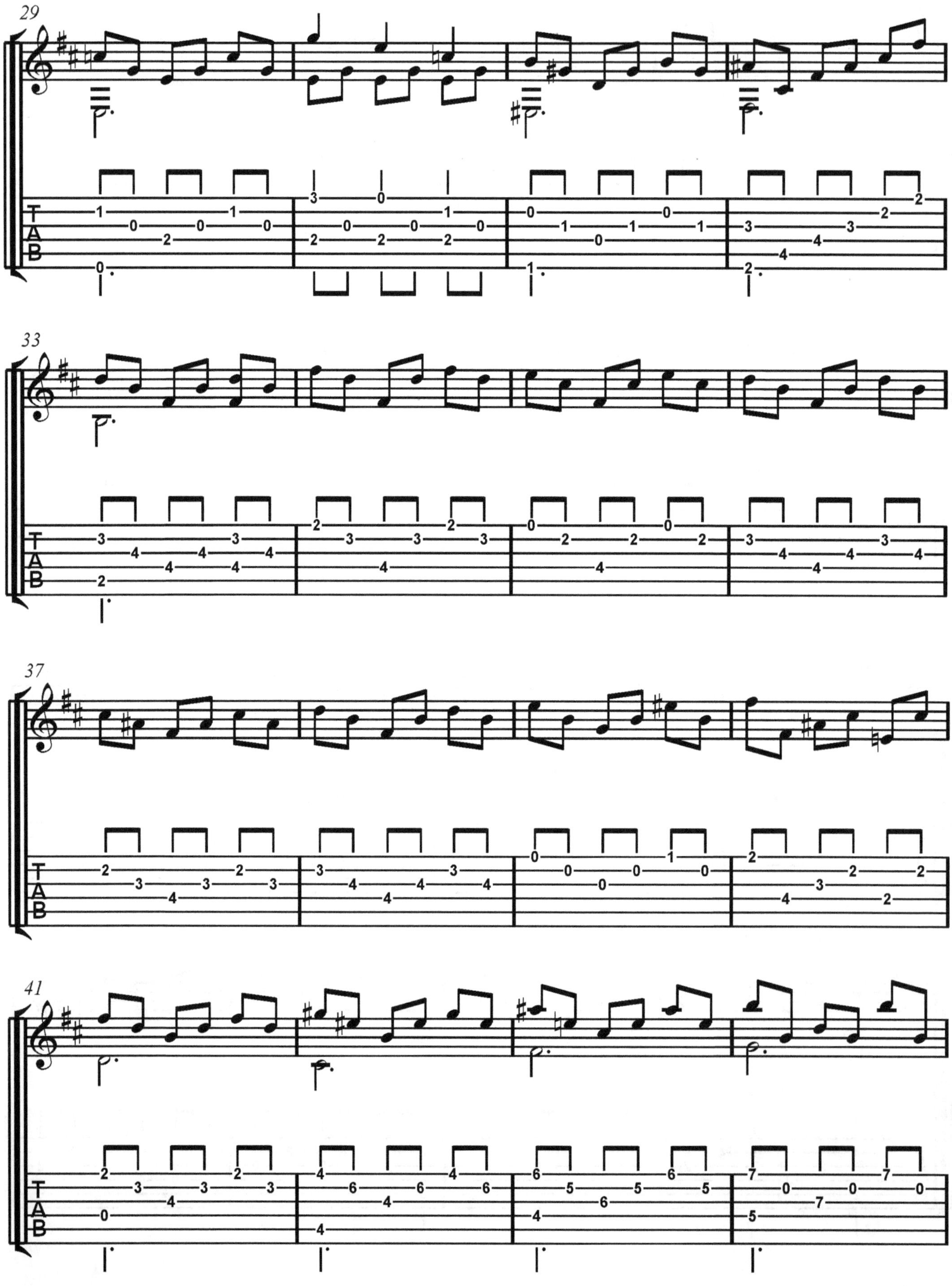
29
33
37
41

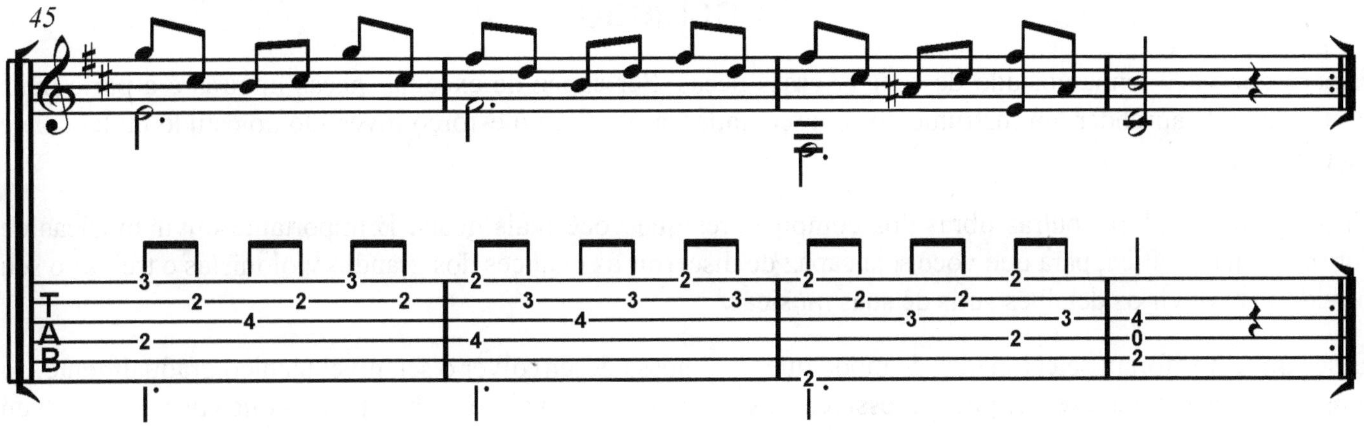
45

# Conclusão

Espero que você tenha gostado de estudar essas peças. Ser capaz de executar peças inteiras é a parte mais gratificante de aprender um instrumento. É a recompensa por todo o esforço investido no estudo da técnica e da teoria musical.

Encorajo-o a explorar outras obras dos compositores que você mais gosta. É importante ouvir músicas de forma ampla e crítica, para que você seja capaz de discernir as nuances dos grandes violonistas e treinar o seu ouvido para ouvir os detalhes sutis de suas músicas.

Esses trabalhos foram selecionados de modo que você possa desenvolver o seu nível técnico gradualmente, ao mesmo tempo em que executa peças acessíveis aos iniciantes. Além disso, as habilidades que você desenvolveu aqui irão lhe permitir desbravar peças mais desafiadoras no futuro.

Neste livro foram incluídas músicas de diferentes períodos, como Barroco, Clássico e Romântico, assim como algumas peças de inspiração popular. É interessante ouvir as semelhanças entre peças de cada época, bem como observar como a forma de tocar violão se desenvolveu ao longo de quatro séculos.

Ouça o áudio que acompanha cada peça deste livro, mas também procure outras gravações das músicas aqui apresentadas e ouça como cada violonista aborda cada peça. Note as variações no tempo e as mudanças no volume e na velocidade. Ouvir múltiplas performances mostrar-lhe-á diferentes abordagens e irá lhe ajudar a criar as suas próprias interpretações.

# Outros Livros da Fundamental Changes

**Guitarra Solo Heavy Metal**

**Fluência no Braço da Guitarra**

**O Guia Completo para Tocar Blues na Guitarra: Livro Um – Guitarra Base**

**O Guia Completo para Tocar Blues na Guitarra: Livro Dois: Frases Melódicas**

**O Guia Completo para Tocar Blues na Guitarra: Livro Três - Além das Pentatônicas**

**O Guia Completo para Tocar Blues na Guitarra– Compilação**

**O Sistema CAGED e 100 Licks de Guitarra Blues**

**Mudanças Fundamentais na Guitarra Jazz**

**Dominando o ii V Menor na Guitarra Jazz**

**Chord Tone em Solos na Guitarra Jazz**

**Solos na Guitarra Jazz Blues**

**Escalas de Guitarra Contextualizadas**

**Acordes de Guitarra Contextualizados**

**Dominando Acordes de Jazz na Guitarra**

**Técnica Completa de Guitarra Moderna**

**Dominando a Guitarra Funk**

**O Livro Completo de Técnica, Teoria e Escalas – Compilação**

**Dominando Leitura de Notação na Guitarra**

**Guitarra Rock CAGED: O Sistema CAGED e 100 Licks para Guitarra Rock**

**Guia Prático De Teoria Musical Moderna Para Guitarristas**

**Lições de Guitarra Para Iniciantes: O Guia Essencial**

## Siga-nos

Para acessar centenas de aulas gratuitas de guitarra, visite: **www.fundamental-changes.com**

**www.facebook.com/FundamentalChangesInGuitar**

**@RobThorpeMusic**

**@Guitar_Joseph**

www.ingramcontent.com/pod-product-compliance
Lightning Source LLC
Chambersburg PA
CBHW081436090426
42740CB00017B/3324